U0892050

疯狂阅读® CRAZY READING | 青春励志馆 ④

你是公主，也是骑士

杜志建 / 主编

每个女孩，都有自己的了不起。

无论你去向何方，

不管天气如何，

永远带上自己的阳光。

汕頭大學出版社

图书在版编目(CIP)数据

疯狂阅读．青春励志馆 4 / 杜志建主编 . -- 汕头：汕头大学出版社，2023.3

ISBN 978-7-5658-4952-7

Ⅰ.①疯… Ⅱ.①杜… Ⅲ.①阅读课－中学－教学参考资料 Ⅳ.① G634.333

中国国家版本馆 CIP 数据核字（2023）第 037904 号

疯狂阅读．青春励志馆 4　　FENGKUANG YUEDU. QINGCHUN LIZHIGUAN 4

主　　编：杜志建
责任编辑：黄洁玲
责任技编：黄东生
策　　划：多艳萍
封面设计：张　羽
封面绘图：阿屿 Isle
出版发行：汕头大学出版社
　　　　　广东省汕头市大学路 243 号汕头大学校园内　邮政编码：515063
电　　话：0754-82904613
印　　刷：洛阳和众印刷有限公司
开　　本：787mm × 1092mm　1/16
印　　张：10
字　　数：280 千字
版　　次：2023 年 3 月第 1 版
印　　次：2023 年 3 月第 1 次印刷
定　　价：22.80 元
ISBN 978-7-5658-4952-7

声明

基于对知识和创作的尊重，本书向所选文章、图片的作者给予补贴。因条件所限未能及时联系的作者，我们在此深表歉意，当您看到本书时，请与我们联系，以便我们向您支付补贴和赠送样书。因篇幅有限，部分文章有删节，敬请谅解。

联系方式：0371-68698032

目录

CONTENTS

有少女心也有英雄梦

身边有你，我便不畏惧这个世界

有空爱自己，别人都很忙

别用完美束缚自己

微笑转身，用背影让故事完结

生活沉闷，跑起来就有风

有少女心 也有英雄梦

那个连星巴克都没喝过的女大学生

✽琦 离

其实成长没你想象中那么轰轰烈烈，
或许有些事往往只在弹指一挥间……

摘自公众号『桃白日记』

>>>> ①

我是个地地道道的农村人，我家不富裕，甚至很穷，哪怕到现在我都为在网上买个 20 多块钱的毛衣而犹豫不决。

或许有的人会嗤之一笑，可这却是我无法改变的事实。

从小，在这狭窄的一方空间内长大的我根本没有接触过外面的社会。甚至在我高二那年第一次听到“泡芙”二字的时候，我根本不知道那是一种吃的。

没人知道我当时被一种或者是好多种情绪包裹的感觉。那一刻，尴尬、无助，还有不知道为什么羞愤到红了的脸……

我第一次对自己的家境和出身产生了怀疑和怨恨，那也是我第一次觉得爸妈没本事。

我总在想，我要是在城里长大，我是不是也会跳舞、弹钢琴、画画……我是不是也会从小便有机会去外面的世界看看，而不会一直拘泥于山里很没见识，很“土”。

>>>> ②

我慢慢长大了，高中便是在离家 100 公里外的县城读的，明白了网上那一句“我的小县城，没有星巴克，没有麦当劳……”原来真的是现实生活的写照，真的不是骗人的。

上了高中之后，我便有了很多从未有过的情绪，而自卑便是最为明显的。

我不明白为什么其他同学手上可以戴 1000 多块钱的手表，而我的手表却是小学三年级的时候 5 块钱买的，甚至这么多年连腕带上的保护漆都早已蹭掉却还是没换掉。

我不懂同学口中的耐克、AJ、回力……各种鞋子，也不知道她们女孩子买一根和指头一样长的口红就要几百块钱，而我一个月的生活费也不过如此。

直至今天回想起来，我才知道当初的自己多么幼稚又可笑。

或许曾经被“消费主义”绑架过的那段经历，

也算是成长的印记吧。

3

刚步入高一的我，把时间用在和别的同学比吃穿上。

第一学期拿着期中考试成绩单的我彻底傻眼了，物理卷子上的“34”，化学卷子上的“52”刺痛了我的双眼。

但是啊，我的自尊心不愿承认这是我的水平，而是把那归咎于题目太难了，从来没想过其实班上也有 90 分，也完全没有考虑自己的学习状态，没想过宿舍同学在深夜刷题的时候我在干什么。大概在做着我也过上了好日子、用上了奢侈品的美梦吧。

直到期末考试，成绩依旧是这样。

有时候有的事情真的不需要多么热烈，有的人的成长或许真的就只在一瞬间。

高一放寒假回家的那段日子，大概也算我的一个不小的成长。

也许是因为以前学习很好，而且在小镇上几十个同学中成绩也算不错，没有被人碾压过，所以我一直很自满但却不自知。

期末成绩年级排名六七百，我怎么都说服不了自己是题难导致的。

初中的老师都问我高中生活怎么样，问我的成绩是不是还和往常一样名列前茅，问我的学业是不是还和往常一样处理起来很轻松……

在一个个发问中，我忽然有一刻意识到了自己是怎么虚度了一个学期的。

我一个人待了一下午，第一学期的一幕幕恍如电影片段般在脑海里闪过：我自习课说话，我向别人打探他们用的大牌东西，我作业没写完便出去在校园里乱逛……

从那之后，我告诉自己“不管多迟，只要行动便不算晚”。

第二学期开始，我便在晚自习安静地做那些看不懂的函数，算不懂的加速度。

总算，皇天不负有心人，世界待我并不算坏，由于我的及时回头，我的成绩补上来了。

4

从我知道自己错得有多离谱的时候，我便想清楚了——我爸妈的那个年代生活更不好，他们的童年也并不富裕。纵然如此，他们还是尽最大的努力来改善我的生活，也尽力让我和其他同学在物质上达到对等。

我一步一步成长到自己想要的样子，变得优秀。可若没有他们，怎么会有我？出生在农村也不是他们可以选择的，我又有什么资格去怨恨他们呢？

想清楚一切之后，我便想要好好学习，想要凭借自己的努力，把书念下去，然后走出去。

我想要带着妈妈旅游，想要过上自己想要的生活。

到了高三，我不再想着那些高奢品，我知道我眼下离梦想很远，我唯有日夜苦读。

晚自习，我戴上耳塞用高效率来完成作业；凌晨，我在宿舍其他人都睡着的时候，冒着冷风去路灯底下背单词、读古诗。就这样，笔芯一根一根空了，卷子一张一张满了。

2021 年的 6 月，我带着十几年来想要出人头地的信心和决心走进了考场。

6 月 24 日，那一天的中午 12 点，手机上的成绩查询页面，那是对我十几年努力的回应，那是付出过后的回报。

拿着录取通知书，走进大学的校门开启我的新生活……一切都那么顺理成章，可是没人知道我在多少个凌晨两点的时候仍然在点灯苦读。

现在的我，回想当时虚荣攀比的我，觉得幼稚极了。

因为我已经懂得了：优秀，从来不是靠高奢品包装的，而是要靠自己在无人问津的时候的付出，靠自己一步一个脚印的努力。

安全感永远不是别人给的，而是靠自己的努力挣来的。

“女孩舞狮不吉利”？“90后”姑娘苦练20年，站上冠军舞台

✲潘潘

梅花桩上，一头红狮腾空而起，从相隔1.8米远的高桩倏然越过。红狮落地，脱下狮头，两个清秀女孩的面孔出现在大家面前。

这两个女孩是来自顺德醒狮队的女舞狮人：梁嘉丽，黄宝仪。

电影《雄狮少年》自上映以来，引发了很多对舞狮行业的关注。但很多人不知道的是，在这个历来以男性为主导的行业里，也有女孩参与着危险的高桩舞狮。

而她们的故事，鲜有人知。

01 “女孩舞狮，是对神祇的玷污”

2001年，还在上三年级的梁嘉丽被选进了顺德女子醒狮队，那是当时全国唯一一支纯女子高桩舞狮队，也是世界第一支。

因为危险系数高，很少有父母愿意让孩子加入，嘉丽的父母觉得醒狮是中国的传统文化，就同意嘉丽去学习了。

刚进队，教练就让女孩们上桩，考验她们的胆量。

微电影《南狮梦》中讲道：“上桩，即为狮子上山觅食之意。”但要模拟狮子的形态并不容易，在高2.5米、最宽间距1.8米的桩之间跳跃，就像在空中玩危险的跳房子游戏，要时刻瞄准仅能容下双脚的小圆铁片，不能有丝毫的犹豫。

一开始，嘉丽只是觉得好玩，但后来逐渐发现，女孩想在这一行做出名堂，要吃更多的苦。

比如“桩上坐头”，就是舞狮尾者要把舞狮头的伙伴举过头顶；比如“站肩”，就是要让舞狮头的伙伴站到舞狮尾者的肩膀上，对两人的力量、灵活度和配合都有挑战；还有“钳腰饮水”等一系列高难度动作：舞狮尾者钳住舞狮头者的腰，在桩上进行360度的大旋转……一招一式，那必须是真功夫。

嘉丽担任的是狮尾部分，舞狮中很多高难度

的动作，都需要狮尾的力量。

为了增加自己的力量，她每天在自己左右腿各绑上10斤的铁片，再背上20斤的沙子负重跑。

一样距离的两根桩，男生一下就跳过去了，但女生可能要练上一个月。为了拉平这种差距，女孩们就必须加练。男生跑3圈，女生要跑10圈。

自那以后，嘉丽就经历了普通小孩无法想象的童年。

“扎马步的时候，在屁股底下点香炉”，这种电影里的桥段，真实存在于梁嘉丽的训练中。

除此之外，睡眠肯定是要牺牲的。为了不耽误学习，嘉丽每天早上5点骑车去训练，赶在早读前练完，下午4点后接着练。

遇到生理期，传统的狮队不让女孩碰“开过光”的狮头，女孩们没办法练习舞狮，只能增加体能训练。

在传统观念里，女孩不能踏入各种庙堂，更不能舞狮，一旦踏入，就是对神祇的玷污。出去商演，女子舞狮队也常常遇到临近上场突然被换掉的情况。比赛的时候，人们会说：“女孩子真的不用去比赛，反正也赢不过男孩子。”

在这样的压力下，嘉丽第一次从桩上摔下来。

在后来漫长的舞狮生涯中，她身上的伤痛就没有断过。

在铁桩上撞得血流如注，膝盖还磕掉过一块肉，明显凹进去了。半月板也反复发炎，她只能去医院反复做理疗。每次去做康复训练，医生都劝她不要再跳了。

即使这样，嘉丽也从来没想过放弃。即便每日被恐惧、质疑和使命感三重拉锯，她仍小心翼翼地守住这个易碎的梦。

02 卖过房、送过快递，一切为了梦想

2009年，嘉丽已经在顺德醒狮队训练8年了，这一年，她遇见了自己的小师妹，黄宝仪。

彼时，还在读小学四年级的黄宝仪，因身材娇小，在体育课上灵巧活泼，引起女子醒狮队教练邓大道的注意。

他找到黄宝仪的母亲：“让你家孩子来舞狮吧。”

就这样，梁嘉丽、黄宝仪，狮尾和狮头，从好队友发展成为好闺蜜，慢慢形成默契，为日后的搭档打下基础。

“体能训练简直就是我的地狱。”入队后的第一周里，黄宝仪一直在哭，哭完继续练。

梁嘉丽也不断为她加油鼓劲，两人组队后，先后参加过许多醒狮比赛。

狮尾梁嘉丽提供了表演中的力量需要，狮头黄宝仪则承担了灵巧性和整只狮子的生动性。

每一次的腾、挪、闪、跃、旋，都是狮子的喜、怒、静、醉、盼。她们要表现出这只来自中国的狮子独有的精气神。

但天有不测风云，2010年12月，因种种不可抗力，顺德女子醒狮队宣告解散。

对全职舞狮的姐妹花而言，醒狮队解散等同失业。后来那段时间，她们打过零工、卖过房子、送过快递、做过电商。

但一如《雄狮少年》电影里的主人公阿娟那样，无论是在带客户，还是在送快递的路上，“咚！”“咚咚！”那个醒狮的鼓点，不断在她们心中响起。

在打零工的时候，她们看到有醒狮队在商演，就会上前询问是否需要队员，并联系之前比赛认识的队友和教练，寻找舞狮的机会。

她们的热情感染了其他醒狮团队，2017年，她们陆续接到商演的单子，再次与醒狮续缘。

“最困难的时候，一个月只有两三个单子，连买零食都不够。”黄宝仪笑着说。

对醒狮的热爱，让她们选择继续坚守，“只要能继续参与醒狮，我们的内心就有归属感”。

2019年，黄宝仪和梁嘉丽被伦教三洲龙狮队

的总教练李培坤发现，他抛出橄榄枝，让这对姐妹花重新成为职业醒狮运动员。

失去后更懂得珍惜，梁嘉丽和黄宝仪比以往更投入地训练。

“这里是我2019年从高桩上摔下来弄伤的。”梁嘉丽指着左小腿上近7厘米的疤痕说道。

黄宝仪也坦言曾在训练中摔伤腰部，“那时不能平躺着睡觉，经常疼得整晚睡不着”。

平时很难直接看到狮子，黄宝仪就和街边的小猫玩耍，观察猫的一举一动。

狮头一探，望向水中倒影，似是疑惑好奇，左瞧右看；小心翼翼探出前爪，惊惧收回，复而大胆一捞，放心地侧头洗脸……猫的神态化为黄宝仪舞狮的步伐。

功夫不负有心人，在2019年举办的广东省醒狮锦标赛上，梁嘉丽和黄宝仪凭借优异的表现，收获了第一名。

“这是对我们最好的奖励。”黄宝仪说。

03 舞狮也属于女孩

如今，黄宝仪依然在舞狮。

为了保持最好的状态，她的体重常年保持在74斤左右，顶着四五斤的狮头，跳上高桩，完成各种高难度动作。

除了坚持舞狮，她还多了一个身份——舞狮教练，负责周围五所小学的舞狮教学工作。

她说：“如果自己没成功，没关系，我还有一群小狮子。”

梁嘉丽回到了自己的家乡中山，加入了当地的龙狮协会，远房表妹婉均成了她的新狮头。

虽然分隔两地，她们仍然保持着手机24小时随传随到，生怕错过任何一次舞狮的机会。

在离她们不远的广州白云区人和镇，也有一群舞狮女孩，默默坚守着自己的梦想。

她们同样经历过“驱赶”。

2019年初，正值春节，狮队的少女们正挨家挨户地舞狮助兴，却被多个村民以“女子舞狮会影响风水”为由拒之门外。最终，女孩们被男子队替换下场。

几年过去，这支女性队伍如今已经扩增至20人，年龄从5岁到19岁不等。

当初被赶下台的女孩们，在2021年第五届广州市青少年醒狮表演赛中，获得了醒狮表演赛群狮金奖和最强鼓乐组合奖。

嘉丽经常在短视频平台分享自己的舞狮片段，收获了15万的粉丝。

有很多女孩私信问她，怎样能像她一样舞狮子，嘉丽也会为她们推荐当地的狮队。

“因为‘高桩狮妹’代表的不只是我一个人，而是一群热爱舞狮的女孩子。”

2021年初，黄宝仪和梁嘉丽的照片在互联网上爆火，超过4 500万播放量。一时间，合作、商演、采访蜂拥而至，但都被二人一一婉拒。

她们的梦想并非成名，而是登上“云顶世界狮王争霸赛”的舞台。这是一个堪称舞狮界奥运会的比赛。

虽然体力不比男生，女子舞狮队也并非全无优势。

女生更善于捕捉和表现狮子的神态，乐感比较好，更会把握表演节奏。

就表演风格而言，男生表演风格更生猛张扬，女子舞狮队则趋向灵活轻巧，各有千秋。

这项中国传统文化的发扬，理应有女性的参与。

你可以是狮子，也可以是玫瑰。性别不是边界，偏见才是。

我突然想到了张桂梅校长管理的女子高中的誓词：我生来就是高山而非溪流，我欲于群峰之巅俯视平庸的沟壑……

当铿锵玫瑰遇见醒狮少女，当少女成为狮子，她们将冲破偏见，写下属于自己的故事。

摘自公众号“麦子熟了” ✼阿莱西亚

最美独眼女孩：没什么大不了，因为一只眼也能做得很好

你有没有想象过，只用一只眼睛的生活？

有一位名叫阿叮的网友，在知乎给出了如下答案。

“小学二年级时右眼患眼肿瘤，于是摘除了右眼球，这应该可以说是单眼失明了吧。由于右眼处就只剩下一个眼眶，看起来不是很美观，我就一直用刘海遮着，一遮就遮了十几二十年……”

出乎意料的是，只有一只眼睛的她，从小到大没有自卑过，甚至是学校里的“风云人物”。

在帖子中，她还发了一些生活照，让人不由得发出惊呼：这也太漂亮了吧！

果不其然，这样一位漂亮的独眼女孩，没多久就吸引了不少媒体的注意，连央视都花了9分钟专门报道了这个独眼女孩的自信人生。

很多人为她可惜，这么一张漂亮的脸蛋，却只有一只眼睛。

不过在了解她的故事后，才发现她不仅仅长得漂亮，活得更精彩，就像她在采访中说的那样：“一只眼，我也可以做得很好。”

····①····▶▶

她的真名叫陈晓婷，广东茂名人。

直到现在，她都说不清右眼是从什么时候开始看不清的。只记得小学二年级的时候，奶奶突然对坐在沙发上看电视的她说：“怎么你的右眼反光多一点？”

她马上用手捂住左眼才发现，糟糕！真的什么都看不到了。

到医院检查才发现，视网膜上的母细胞瘤已经扩散到整个眼球，再不手术干预，肿瘤细胞就会蔓延至整个大脑，会有生命危险。唯一的方法就是实施眼球摘除手术。

当时的晓婷还不知道这一切意味着什么。“那支针真的好大，吓得我从医院三楼逃到了一楼。”她只记得这些。

手术后的一个学期，晓婷是在医院里度过的。一只眼睛没了，再加上化疗后光秃秃的脑袋，虽然样子奇怪极了，但晓婷说：“还是有很多人愿意跟我玩。”

晓婷好像就是有这么一个本领，所有认识她的人，都能从她身上感觉到积极阳光的一面，忍不住就和她熟络起来。

回校后，一些高年级的调皮男生会开玩笑地叫她“独眼龙”“单眼婆”，但是晓婷并不在乎，她把这些行为理解成大家关注她的表现。

“尊重是要靠自己赢的”，经过不断努力，晓婷成绩又重新名列前茅，后来开始有男生给她写情书，有些甚至是之前给她取外号的男生。

····②····▶▶

亲切的特质让她成了一名好老师。

虽然高考没有发挥好，晓婷仍旧以优异的成绩进入了华南师范大学，学习历史。

她说读大学的时候，每次起风，室友总会比她动作还要快地帮她整理一边的刘海；全班出去玩的时候，大家都会考虑她的感受。学校的各种活动，合唱、运动会、参演话剧，晓婷可是一个都不落，拿第一也是常有的事。

她想起初三校运动会上，因为班里女生不够，本来不方便运动的晓婷便主动报名两人三足和短跑接力。为了不让刘海在跑步的时候被吹起来，老师和同学给她出谋划策—— 晓婷成了唯一一个戴着墨镜跑步的学生。

这个场面到现在晓婷想起来都觉得好笑又温馨。所以她说："我应该可以算是我们学校里的风云人物了，哈哈。"

虽然一些不认识她的人看到她的眼睛，会觉得很惊讶，甚至有点恐怖。

面对类似的反应，她也不放在心上，她有着一套自己的生活哲学：其实生活是一个接受自己，欣赏自己的过程。就算身体上会有一些小缺陷，只要我们接受自己也能够活得精彩一点。

····③···· ▶▶

2016年，大三的晓婷为了响应国家号召，报名参加了"三支一扶"基层项目——去乡村当一名支教老师。

虽然在面试工作的时候，因为"独眼"也吃过一些亏。比如，曾经有过晓婷和别的面试者条件差不多，甚至比他们优秀，但是面试官往往会选择别人的经历，她却说："毕竟工作形象也很重要嘛，这也是人之常情吧。"

晓婷并不抱怨。一只眼睛看不见，但她从来不觉得自己是残疾人，最多把自己定义为"边缘人"。

晓婷也是14个表兄弟姐妹中成绩最好的，小时候玩过家家，晓婷都会扮演老师的角色。也许从那个时候开始，当老师的想法早已萌芽。

所以她觉得，与其说是她选择做老师，不如说是老师这份职业选择了她。

准备当老师的过程，出奇顺利，"每一个重大的体检，工作人员都没有为难我，高考体检、大学入学体检、教师资格证认定体检、就职体检都顺利通过了"。

"老师，你为什么要用头发遮住自己的眼睛啊？" 面对学生天真的问题，晓婷一点都不介意，还大大方方地告诉学生们："靠一只眼睛的我，都能考上重点高中、重点大学。你们有两只眼睛的同学，一定会更厉害些。答应老师，一定要好好学习哦。"

身体力行的她，本身就是这些孩子最好的榜样。

晓婷所在的学校是一所乡村小学，除了数学，她还要教英语。教学范围涵盖了一到五年级。任务量可以说相当繁重。

结束2年的支教生活后，大学毕业的晓婷选择留在了母校：化州市第四中学，当一名历史老师。

年纪轻轻的她不仅要带6个班的历史，还是一个班的班主任，工作量是实打实的多。

繁重的教学任务并没有让晓婷忘记曾经乡村小学的学生们。晓婷听说，曾经的得意门生小敏上了初中后，成绩下滑得厉害。不由分说，就抽空回去一探究竟。

刚到校门口，学生们就蜂拥而来，足以见得晓婷在学生心中好老师、知心大姐姐的形象。

晓婷问起小敏成绩为什么下降，或许是面对镜头，小敏似乎不太想说。晓婷也就不逼她，只是搂着她肩膀说："老师也经历过这些事情。哪怕不愿意告诉我，老师只是想告诉你，有人在关心你。"晓婷说之所以那么关心小敏，是因为在她身上好像看到曾经的自己。或许这就是冥冥之中的缘分吧。

我想，对于一个青春期的女孩来说，被人挂念、被人默默关心的感觉，真的很棒。

····④···· ▶▶

对于现在的生活，晓婷说已经很满足。除了工作，她最大的爱好就是到处旅游。哪怕只有一只眼睛，也要好好看看这美丽的世界。在鹿儿岛喂小鹿、在日比谷公园、在太平洋的某小岛上……

前不久，晓婷在微博配上学生给她做的感谢卡片发了这么一段文字：因为教学生活很忙，无法一一回复网友……

原来晓婷对于自己在网络上的"爆火"，觉得受宠若惊。发帖的初衷就是为了分享自己作为"独眼"女孩的经验，希望自己的经历能让大家更加了解像她这样的群体。

没想到自己的回帖，竟然实实在在地鼓励到了那么多的人。

其实一直以来，她都有个心愿：为自己重新安装一只合适的义眼。但她也并不强求，因为她说：要相信这个世界上，还有很多很多美好的东西值得我们追求。不要揪住一些"不完美"的点，要把自己先放开。

因意外错失高考的学霸，如何重塑人生？

✻不鸣者

生活在学校与家两点一线之间的段嘉怡，是另一种意义上的温室玫瑰。她想在高考这一天逃脱玻璃罩，独身去考试，为自己的封顶加冕，可是碰上了一场飓风……

我一直以为段嘉怡的蜕变是无痛的。她是不惧风雨的巨人，是特立独行的忍者。可是作为见证者的我，却亲眼看着她在蜕变期被残忍的意外剥下了外壳。

但古人说，塞翁失马，焉知非福。

1

段嘉怡是个敏感的人，我是个心大的人。

某种意义上说我正好以无知的人方包容了她的骄傲，所以我俩能成为半生不熟的朋友。

此外，格外优异的成绩是段嘉怡的专属武器，战场是教室、考场、年级榜单……一切可以证明她的地方。所有人都说段嘉怡有望冲击本市状元。

没有人可以一直努力，但段嘉怡永远在努力，而且她努力得正到点上，你想不服气都不行。

我还在苦写学校发的试卷的时候，她早就不屑一顾地丢开，自己不嫌万难地去找往年真题编订成册。说实话，要是换了别人，我真的觉得此等行为和用五颜六色的马克笔来做笔记没差别。

但是学霸身上就是会有一种令人信服的魔力，虽然眼镜框和青春痘段嘉怡都没有，她还是老师无论从哪个方面看都会喜欢的学生。她更像一只蚕宝宝，不停吐丝把自己缠在一个小小世界，她在里面好像不听风不看雨，又好像忙得不亦乐乎。

随着高考逼近，试卷像雪花一样越飘越多。

我们的爸妈好几次结伴来看她和我。在一张张漂亮的试卷和显眼的分数里，段嘉怡父母喜形于色，像捧着一张张即将到手的升值证券。

而我爸妈看着我不好不坏的成绩和额头冒出的小痘，只是敲了敲我的脑袋，说下次也要进步，向段嘉怡多学点，回头做好吃的给我们。

在简单的交流和分食中，我们一起冒汗，不约而同地很快就吃出了紧迫感。麻木的氛围里资料和年级排名把人砸得头昏脑涨，我们陷入了疲倦期。

沉闷的午后，每个人都因为燥热心烦意乱，在听到广播里优美的女声表扬通报时，我看到段嘉怡突然紧绷的脊背，和神经质般高昂的头颅，感觉她就像天鹅突然被掐住了脖子。

前方黑板的高考倒计时像一根不大不小的针，让我们鼓得满满的气球开始逐渐底气不足。后排的凳子身残志坚地不停在地板上摩擦，大家在教室里把书翻得哗哗作响。

其他班像打了鸡血，坚持着操练时间，把口号喊出了震天响的军训气势。我们班则在夏天聒噪的知了声中像被一棒子打断了脊梁的动物，伏在课桌上艰难地靠青春期的团体力量苟延残喘。

所有人参差不齐的记性和认同感好像在这几天达到了前所未有的统一，大家突然发觉只有段嘉怡能带着她的成绩单笑到最后，而他们最后能发光发热的机会被段嘉怡不客气地搅黄了。

但是，变故却真真切切地从天而降。

2

说实话，我被我妈推出门使眼色的时候还是懵懂的。手上的水果和甜点很精致，和往常很不一样，所以走到半路拎着沉甸甸的昂贵食品的手开始发酸时，我才感到紧张。

这些被赋予了特殊含义的礼品，是我作为好同学、好朋友的看望，是我爸妈作为邻居贴心的关怀与担忧，各种因素混在一起，成为我们仅能带给段嘉怡的高考失利的补偿。

情况比我想象得严重，段嘉怡不肯见我。我觉得我来得有些尴尬，因为她父母看我的眼光就像是我在那天阻拦了他们女儿去考场的路。

说来好笑，又可怜。

段嘉怡这种细心、万事都需要准备周全的人早在高考前几天就实地考察了考场地形、考点路线，把这里周边的商店和居民区、宾馆都摸了一遍。

但是，这个世上除了人为误差以外，还有一种东西叫系统误差。在做物理的加速度实验时，老师反复强调，人为误差可以尽量避免，减小到最少，但是系统误差不能，只要你存在，这个世界还在，系统误差就一定在。

所以段嘉怡高考第一天在赶往语文考点的路上，看到有人出车祸了。

这是上天安排给段嘉怡做实验时的系统误差，所以即使她避免了自己犯错的任何可能，也避免不了别人犯错。

她被吓傻了，距离考点外层层的警戒线还有很远，她不在保护区范围之内，当她看到肇事车主妄图甩下两个受伤的高中生逃跑的时候，她崩溃了，她向周围人呼救，拨打120电话，并一直陪在伤者身边给他们加油打气。她错过了第一场考试。

在周围人的劝声中，段嘉怡坚持去考完了其他几门，即使她发挥超常，结果也当然不如人意。她真的恨自己，我知道。她的自尊心成了一块无用的发灰石块，一眼都不值得她多看。

我没有见到高考结束后一个人独自在角落生出苔藓的段嘉怡，但是我知道了一切。

她的事传遍全校，甚至上了本市新闻，段嘉怡父母拒绝了晚报的专访请求。

我觉得比起段嘉怡没去考场这件事更令其他人震惊的，应该是段嘉怡因为救人没去考场。干巴巴的赞叹和真心实意的咂舌与惋惜，成为段嘉怡在那个夏天里生活的主旋律。

我可以理解高考结束后好一段时间他们一家没有出现在我的生活中。自己的女儿虽然见义勇为，却为了不相干的人错失了高考，在这件事上，没有父母可以轻易释怀。

我不知道段嘉怡是如何想的，因为我还没见到她，她就去了复读学校。

而我以为没有答案的事，却在逐渐衰弱的知了声中出现转折。

3

段嘉怡用老人机给我打电话，问我可不可以来给她送饭。我找爸妈要了好几百，带着些手足无措给她准备了很多好吃的。她复读的学校小有名气，监狱一般的管理机制保证着漂亮的升学率。

我穿过弯弯绕绕的回廊，在老师的示意下转身，看见了段嘉怡乱蓬蓬的后脑勺。

我觉得有些恐怖，直到段嘉怡慢慢走过来，她浑身发抖，把头埋在我肩膀里滴下了滚烫的泪水。她应该很少哭，所以没有办法克制自己的声音。

隔了一条回廊的班级开始骚动，有人犹豫地从被竖铁条隔开的窗子里探头，可是不知道是因为这样的事屡见不鲜还是他们已经麻木得根本就没有窥探欲，走廊里又逐渐安静下来，只有段嘉怡令人心疼的哭声。

段嘉怡眼睛很红，她说她好怕，说她好后悔，她不应该多管闲事，说她父母会失望。我却不知道从哪里冒出来的勇气，我抬头看着这双漂亮纯洁的眼睛，说："段嘉怡，你没有错。"

这次看望事件以段嘉怡父母的到来告终。段嘉怡的父母在我的电话里和老师的默许中赶来，我像沉默的见证者，看着她妈妈逐渐落下的眼泪汇成一条小河，全都流进了段嘉怡脖子里。

"你们对我要求太高了，我怕我做不好。"段嘉怡的声音哽咽，可是她不知道她的父母在家也焦虑惧怕，忧心忡忡。他们好怕那一天出车祸的不是其他人，是段嘉怡。这种为人父母的担忧是最伟大的，压倒了他们对优异成绩和高考结果的渴望与强求。

段嘉怡首先屈服了自己的恐惧，怕父母失望，怕老师可惜，像淋湿的小鸟匆匆找寻一个庇护所一样，她根本没有做好任何准备就来到了这里。可是迷路的小鸟总是要回家，段嘉怡的父母也在一次错失的高考后看到了一种无声的警醒，他们在危机过后赫然发现自己的错误和段嘉怡的苦痛。

段嘉怡和父母和解后才真正地把所有精力都投入学习中。她甚至比起以前更爱笑，也会偷偷吃零食解困，来代替为了保持清醒自虐一样掐自己胳膊。每个月的一两天是她可以回家的时候，她告诉我很多心里话，也带来很多关于她的好消息，还问我大学生活是什么样的。

我好像推开了那扇锈迹斑斑的铁门，段嘉怡真正发光并且快乐的心像一个小壁炉，不仅照亮了自己，也让我觉得暖烘烘。

收到一束花的时候，我正在学校准备专业考试。

嗯，之前的那个夏天里我无波无澜地考上一所二本院校，手忙脚乱地开始了大学生活，奔走在各种讲座和社团之间，我还去看了段嘉怡好几次。

我们快乐分吃着我带来的零食，段嘉怡在那一次哭泣后的羞涩慢慢消失不见，她甚至主动向我打听其他同学的事。

而她今年终于没让她的父母失望，熬过又一个足够热死人的夏天，在没有吼叫和窃窃声的燥热里她写完了很多试卷，在复读学校里完成了真正意义上的加冕。

这次没有任何意外，提心吊胆的两天结束以后，中国人民大学的桂冠被她稳稳地戴在头上。

4

在以段嘉怡为中心轴承而转动的小小世界被构建起了新秩序并且恢复了正常运行，我松了一口气。

作为她的青春蜕变见证者的我，看着她与从前逐渐告别，从高中时代的自我禁锢里脱离，我终于明白了段嘉怡的真实与无助。

她的高傲和无言，更像是一种附在她身上难以脱落的角质。曾经她以为找到了最适合自己生存的绝对法则，但她也是一个有弱点的女孩，会不小心暂时暴露自己脆弱的一面。她需要这些来为自己加上一层保护罩，营造出漂亮的"油盐不进"。

我也很为段嘉怡开心，那个会在窃窃私语里努力绷紧脊背，用水杯压住书的页脚，再像堆砌城墙一样把一张张试卷垒上去的骄傲的女孩，正在慢慢走出那个曾经困住她的茧，她终于可以用真正体面的方式和过去告别。

高考带给段嘉怡一场漫长的生长之痛，她在泪水和反省下用努力与正视完成了破茧，虽然这个过程痛苦而孤独，但我们都明白了什么叫成长。

我的寒门之路：从一穷二白的农村女孩到女博士

✽ 陈北宋

在我和双胞胎妹妹出生之前，家里已经有三个哥哥。

人穷并不会多种树，更大的可能是多生孩子，人多力量大，说不定哪个孩子有出息了能带领一家人脱离苦海呢！

所以，当时周围的家庭都是四五个孩子。偏巧我和妹妹要出生的时候开始计划生育政策，把我和妹妹算成超生了两个孩子收罚金。

本来就穷的家庭更是雪上加霜，院子里跑的鸡，圈里的猪，都赶走了，连吃饭的桌子都抬走了。

家徒四壁，还带着五个嗷嗷待哺的孩子。要不是周围亲友的接济，父母亲几乎要带着我们去要饭了。

叔叔给了父亲四十块钱，姨妈送来了一些晒干的地瓜干和小米、腌咸菜。一家人终于得以活命，我就是在这样的背景下长大的。

三十年后，我们兄妹五人几乎都受到了高等教育成为公职人员，我家也成了远近闻名的高学历家庭。

父母只做了两件事：坚持读书，不准娱乐

父母都是土生土长的农民，却都怀揣着远大的读书梦。

但在他们读书的时代却没有读书的机会，只接受了基础教育就匆忙进入生产队挣工分养家糊口。

读书，对他们来说是个遥不可及的梦想。父母把读书的希望寄托在我们身上。

等哥哥们都高中毕业要去读大学了，大学毕业生开始自己找工作，国家不再分配了。

“你把孩子都送出去读书，以后找不到工作怎么办，不是白瞎这功夫了？”这是识时务的村里人，早早地让孩子回来帮忙干活。

“不怕！就算他们以后出去扫大街，他也是识字的、上过大学的！”

父亲就是有这样一股子倔劲儿，认准了一件事，不回头。

从小，只要我们兄妹在读书，或者在写作业，家里就会很安静，妈妈做饭都轻手轻脚，怕扰了我们。我们也从没有像小伙伴们那样被使唤着干农活儿，所有的目标，就是把学上好。

“你们以后都不要像我和你妈，面朝黄土背朝天靠力气吃饭，你们要靠知识吃饭”，父亲这样教诲我们。

于是，从小我就知道将来我要靠知识养活自己。

因为怕影响我们学习，我和妹妹十八岁之前家里没有电视。有时候在外面偶尔看到别人玩扑克牌，我也拿一副回家，牌会被母亲毫不犹豫地扔进灶炉里。

现在我日常生活里不看电视，不会打扑克，不认识麻将。

我的业余消遣就是看书写字，这是从小养成的习惯，不会在娱乐上花费时间。

在我上小学和初中的时候，有很多成绩不错的同学，而他们初中毕业就为了减轻家里的负担开始外出谋生。我和他们的不同之处仅在于，我一直在坚持上学。

记得读初中的时候，同村里一个也在读初中的女孩的妈妈专门来找我妈妈："你知道吗，这孩子一个月要花五块钱呢！我真是不想让她再上学了。你怎么能忍得了他们花那么多钱？"

果然，这女孩早早就退学出去打工了。当时我们上学是家里送粮到学校换成粮票，一个月五块钱是包括吃菜买本子买笔在内的全部生活费。

大部分女生很少买菜吃，每星期回家都从家里装些咸菜，就着粮票换的馒头和稀饭，就是一顿饭。

我的父母虽然也是寒门，但他们出于种种原因，一直对我们强调受教育的重要，并愿意用微薄之力给我们提供这样的机会，我们的人生便与周围人有了不同。

虽然穷，但给你选择的自由

从小学到高中毕业，家里给我买过的唯一的一本课外书，是母亲在书摊上花四毛钱买的一本简装版《新华字典》。手掌那么大，厚厚的，我一直用到高中毕业。

小学的时候我很淘气，并不是学习好的孩子。父母虽然一直对我们强调"万般皆下品，唯有读书高"，但他们太忙太累了，要供五个孩子读书吃饭，让没有一技之长的他们疲于奔命，根本顾不上再关心我们的学习。

小学时父母对我们说得最多的一句话就是："作业写了没有？"

考试不好的时候，父亲就会在餐桌上骂我们一顿，再不好好学习就跟你们断绝父子（女）关系！然后扒拉几口饭匆匆离开，他只有吃饭的时候有空骂几句。

小学毕业后，已经有很多同学不上学了。这让我开始意识到自己学习的机会来之不易，于是初一我就开始发力学习，成绩很快就开始在班级名列前茅。到了初三，已经开始拔尖。

那个时候女孩子初中毕业可以考师范，以后当小学老师。当时跟我一样成绩不错的女孩都被家里人报了师范，这样不仅上学不花钱，还能早点工作补贴家用。

多年以后我才知道，我当时没跟家人商量就报考了县里的重点高中，其实是很离经叛道的。但父母什么也没说，成绩考下来后他们还很高兴，给我准备了行李和学费，送我去了高中报到。

高中里卧虎藏龙，全县的学生都集中在这里。这中间除了县城里来的条件不错的学生，也有很多像我这样从下面乡镇考上来的。我记得很清楚，在初中以第 1 名考上高中的我，高一开始的全校排名是第 184 名。

那也是一段艰苦卓绝的日子，到了高二的上学期，我已经是全校的第 2 名。我们高中虽然是县里的重点中学，采用的仍然是题海战术。我们每个月才能回家一天，其他时间全部在学校，早上 5:40 起床，晚上 9:40 宿舍熄灯就寝，其他时间除了吃饭就是在教室学习。

县城里条件好的孩子父母会隔三岔五地送饭过来。农村的孩子仍然是父母送粮到学校换成粮票，从家里带咸菜。

就这样，到高三的时候，我以超过重点大学分数线 50 分的成绩考上了大学。报高考志愿的时候，我又一次展示了我不管不顾的特点，亲戚们想让我上师范大学，给家人减轻负担。可我却报了一所重点大学的热门专业——通信工程。

父母还是什么都没说，开始给我准备上大学的行李和学费。当时上大学的学费每年 2 500 元，住宿费 500 元，加上生活费每学期 1 000 元，全年的花费 4 000 元。这对一个农村家庭来说也是不小的负担。哥哥们当年分别报考了公安和税务，妹妹自己选择了师范院校，几乎不花钱，本来已经解脱的父母亲，因为我的选择再一次开始节衣缩食的生活。

大学里我仍旧努力读书学英语，把所有能考的证书都考了下来。很少买衣服，学习用的书都是从图书馆借阅，努力拿奖学金，去阶梯教室看 1 块钱一场的英文原版电影，保持最简单的生活和最少的开支。

从读研究生开始我就不再花家里的钱。为了做到这一点我也付出了代价，那就是没有报考自己心仪的学校，而是为了公费读书考了外校。

后来读博士的时候，已经认识了男朋友，即现在的娃爸，并且在读博士的时候结了婚。

在我人生的所有关键时刻都是自己做的决定，很少同父母兄妹商量，父母给了我充分的理解和支持。虽然家庭条件并不好，但我却拥有选择的自由。

寒门，“寒”在哪里？

说来奇怪，我从来不觉得自己来自农村有什么好自卑的。虽然我过着简单的生活，但这是我的选择，我也不觉得所谓的丰富生活有什么好羡慕的。即便现在已经三十多岁，算得上衣食无忧，我仍然过着简单的生活。

而很多人所强调的，农村孩子缺乏的见识、谈吐、交际能力，我不觉得那有什么。现在的社会互联网这么发达，哪还有见识浅薄的人？况且见识可以从书中得来，“腹有诗书气自华”，谈吐会随着见识的增长而改变，而所谓的交际能力，等到需要的时候自然就能练得出来。

所有这些，都不是能打败你的原因。

唯一可以打败你的，除了年少追梦的过程中父母的撤退不支持，就是你自己的不努力。

在年少时期父母的支持至关重要。我认识的一个同学就是例子，他属于物理天才，我这么说一点都不过分，他拿遍了物理竞赛的奖项，连老师都对他的物理成绩甘拜下风。他在南京读大学，物理专业。有军校在他刚一高考完毕就给他发了通知书，但他因为太喜欢物理而拒绝了军校。上军校是免费的，他的父母为此大发雷霆，断了他的学费供给。

他艰难地维持了两年，自己申请助学贷款，每日不停地打工维持生活，疲于奔命，对理想的追求也渐渐地湮没在对生活的挣扎里。终于在大二的时候抛弃了他喜欢的物理专业选择了就业。

现在的他没事就翻物理书，如《果壳中的宇宙》《流体力学概论》，而他的物理梦却彻底地断送了。他有时不无感慨地说，现在一个月的收入够那时花二十年，可当时就是没办法继续。

所谓的寒门，就“寒”在因为物资匮乏而造成的短视，并因此而断送的精神追求里。

没有所谓阶层

现在很多人都说阶层固化，我一直都很纳闷这个概念。小的时候，我肯定是属于社会的最底层，那现在呢？我属于哪一阶层？

现在我的家庭在北京还算不错，孩子爸爸努力地为我们奠定了物质基础，家里也小有一些财产，可我们仍然过着简单的生活，在教育上大力投入，生活上节约。

举个例子说吧，我们可以让孩子去上 1 万块钱一个月的国际幼儿园，但我家从来不剩饭，去超市买菜都提前确定买到哪一餐，几乎从来没有扔过任何食材。

我有能力找保姆带孩子，但我虽然工作繁忙仍坚持亲力亲为，和爱人用一己之力把孩子带大，建立良好的亲子关系；我可以做完自己的工作之后就安逸地享受生活，可我仍然想着能突破自己，找到那个不一样的自己。

三十多年的“寒门”之路告诉我，人生要不断进取，任何时候都不能放弃努力。

其实在我的意识里没有所谓的“寒门”，只有短视的不愿付出的原生家庭；也没有所谓的“贵子”，物质条件的富贵不能称为高贵，只要你在当前的条件下做到最好，为了自己的理想而努力，每天都在努力超越昨天的自己，你的灵魂就是高贵的。

谁说寒门难出贵子，我觉得现在的我，很自信。

这位『90后』女孩，一个人建了座水电站

✽张大东

摘自公众号“哔哩哔哩”

在整个B站手工区里，UP主@林果儿 linguoer 是升起的一颗新星。

在粉丝们眼里，她拥有超强的机械维修技术和动手能力，似乎能修好任何东西。

前不久，林果儿就整了个大活，还因此被新华社等诸多媒体报道了——她用了七天时间，为村里的留守老人搭建了一个小水电站，解决了老人的用电问题。

01

故事要从去年讲起，当时林果儿为村里一位叔叔修好了家里的水力发电机。

到了上个月，这台发电机已经持续工作了一年多的时候，林果儿主动上门回访了。

叔叔说机器在正常运作，只是发电量有点小，而且他不会维护发电机，只能盖一张塑料布遮风挡雨。

从长远考虑，林果儿决定换一台大型水力发电机，再为发电机修一个实用美观的水电站，彻底解决叔叔的用电难题。

为了盖水电站，她先打了一层水泥地基，接着用木头和竹子搭好了建筑框架。然后慢慢组装起墙壁，并且为较为危险的配电室单独组装了木门和门锁。

在细节上，林果儿为发电站的不同位置制作了铭牌，给房檐两端安装了灯笼。只要机器正常运转，灯笼就会亮起来，这样方便叔叔了解发电情况。

建好了发电站的主体，林果儿还打算做个水池，为发电站提供持续稳定的水力供给。

在叔叔家附近的瀑布顶端，她建了一堵水泥矮墙，上游的水流被墙阻挡，慢慢蓄了起来。接着，她把水管的两端分别连接在山顶的水池出水口，以及山下发电机的进水口上，这样源源不断的水流，就为水电站提供了充足的动力，房檐上挂着的小灯笼，也成功亮了起来。

这种单人修建水电站的壮举，也让网友们不得不佩服。在大家眼里，她就是最强“林妹妹”。

02

其实林果儿的光辉战绩还有很多，修水电站只是她的日常，在平时，她就喜欢修各种东西，这份超强的动手能力帮了不少人。

前段时间，她发现爷爷住着的老房子已经几十年没翻新了，家具和墙壁沾满了灰尘，再加上南方环境潮湿，屋子里出现了大蟑螂。为了改善爷爷的生活环境，林果儿决定为爷爷的房子来次大装修。

她在原来的水泥地面上铺了瓷砖，重新粉刷了年久发黄的墙壁，每一个死角都没有放过。给房屋进行了明面上的美化后，林果儿收拾起了留有隐患的老旧电路。她把旧电线都换成了新的，并捆成几束，放进墙壁上的绝缘阻燃线槽里，防止电线裸露给爷爷带来危险。重整完电路，林果儿又给房子重新安装了天花板、门窗，接着组装好购置的新家具，再将爷爷的杂物清理好搬进来。

和之前相比，屋子变得更加整洁明亮，爷爷走进房屋，看到孙女忙活了一个多月的成果，脸上笑

开了花。

在修造建筑上，林果儿显然是一把好手，不过她最强的一面，是在修机器上。

前阵子，废品收购站的朋友送来了一辆坏掉的电动车，车身上锈迹斑斑，马达彻底报废，车蹬等零件更是直接没了。可林果儿没有放弃，她决定先把车子拆开，一点点修理。

生锈磨损多的车身，都得用喷砂机除锈，再把损坏的地方焊接好。那些磨损损坏的塑料壳，则需要刮去表面的图案，为下一步做准备。接着林果儿使用喷漆对车架车身进行粉刷，让旧配件焕然一新。那些实在修不好的车灯、车锁和电瓶，她买了新零件进行替换。当电动车重新组装起来后，已经看不出之前残破的影子了。

当然，林果儿的硬核程度不止如此。这几年来，她已经修复过水泵、车床、柴油机等各类工业器械。在村里，她是有名的维修师傅，不少村民都是她的粉丝。谁家机器坏了，都会喊她去修。

今年夏天的时候，乡镇里磨面厂的一个备用电机坏了，老板就找到了林果儿帮忙修理。

那台设备产自1969年，年龄是她的两倍左右。机器已经彻底报废，里面的零件更是早就停产了。但林果儿没有放弃，她直接亲手制作了线圈这种构造简单的零件。一些没法自制的零件，就从旧机器里找，最终这台古董机器成功复活。

帮助村民是林果儿的常态。村里工地的柴油机，牛场老板的水泵，邻居家的柴油发电机……都被她亲手修好了。她就像是村民的哆啦A梦，似乎任何东西到了她手里，都能修旧如新。

03

新观众经常被林果儿的高超手艺震惊，其实她做的，算是自己的老本行。

大学里她读的是水利水电工程专业，学了不少机械与工程的知识。毕业后不久，她偶然拍了一条视频，记录了村中的自然风光，没想到播放量达到了几百万。

这件事，让她决定尝试把拍短视频当作工作，专门拍摄城市少见的田园景色。虽然视频有热度，但因为视频的拍摄成本高，以及不知道变现渠道，导致她亏了一大笔钱。

那段时间，村民们对她亏钱还要拍视频的行为表示不理解，许多人都觉得她不务正业。就连她自己，也开始怀疑自己当UP主的决定是否正确。

可一次偶然的机会，她把自己修发电机的视频发到了网上，没想到却得到了很多粉丝们的喜欢。她也是从这时开始，尝试录制机器维修的视频。

有些看得上头的粉丝，会把一些坏机器专门寄过来，只为看她修理。最终，林果儿定下了机器维修这一类视频方向，名气也越来越大。

04

可能在很多人看来，林果儿人生中遇到的问题，都在偶然间解决了，没有什么是她做不到的，但对她本人来说，能有今天的成就，其实是二十多年来努力的结果。

从小父母就离异的林果儿被爷爷奶奶带大，因为家里没钱，她虽然拿到了高中录取通知书，但还是打算辍学，选择溜进城里打工。

然而这时，姑姑却打来了电话："你一个没有家庭背景没有父母撑腰的女孩子，又不是没有考上，你不读书了能干吗？"

姑姑的劝告，改变了她的想法，她回到了学校，并读完了高中和大学。

毕业后拍短视频，确实是一个偶然的机会。但持续拍短视频，对她来说其实是一个艰难的决定。她在前期资金链断裂过很多次，最困难的时候，欠下了19万的债。

前几年情绪上出现压力了，林果儿会和奶奶说，奶奶去世之后，她就自己熬过低谷期，一直稳定地输出作品。

现在她找准了自己的方向，视频逐渐开始被人们认可。有不少看完视频的网友，都被林果儿的乐观开朗感染，感到开心和解压，甚至由衷地钦佩她。

而林果儿自己，也在一步步走过来之后，有了新的感受："人生没有白走的路，每一步都算数。"

那些过去的经历，共同组成了当下这个敢于尝试、乐观独立、不轻言放弃的林果儿。

只有做自己喜欢的事情，才不会被饿死

✽安妮兔

1

我自认为是个活在头脑里的人。所以如果见到与自己身体关系融洽，甚至能够以手艺为生的人，会不由得生发羡慕之情。

小七就是这样一个让我心生羡慕的人。

在大理床单厂艺术区的一间工作室，我见到了小七。

那天，她从早上一直稳稳坐到傍晚，只安静地做着一只蜡雕。她手中是一颗小小的蜡球。她用刻刀在上面进行描绘，然后用火焰烤，再细细雕刻打磨，如此反复。

工作室外，游人如织，爽烈大风不时搅动洋溢泼洒万物的充沛阳光。

工作室内，小七周围的时间和空间仿佛被奇妙地扭曲，只有她身心合一。

小七对这样的生活感到满足，觉得充实而幸福。

而三年前，她才刚刚经历了人生中的巨变，只身从北方来到大理学手艺。

小七和她做的首饰诠释了什么是“又酷又温柔”。

2

小七喜欢骑着机车来去，头发被随意地在头顶扎起。

她跳下机车，大步走到你身边，看着你，冲你笑，眼睛闪闪发亮，露出可爱牙齿，脸上的神情是那种端详一只多毛动物的好奇和温柔。

小七做的首饰，多以金属为原料，粗粝纹理和细密花丝共处，镶嵌、雕刻技艺也随处出现。

它们有时粗犷，有时柔软，长驱直入或幽深精微，只凭当下造物者的心境。

想表达点什么，就动手做东西。做好了认真拍照发到朋友圈，配的说明文字也独特。

一个系列的粗银戒，每只都拥有不同的纹理，各自诠释力量感的流动，配文："握紧拳头，向你的目标挥去。"

用冰冷金属做成红棕色的叶子，再配以真的木头，成为项链，配文："好像我们活在一个易逝的年代。生命在于呼吸还是意义？那些回炉重塑后的你去了哪里？"

细密线条勾勒出云、蝶、花、鸟，做成轻飘飘的银的耳坠，配文："云烟影里见真身，禽鸟声中闻自性。"

小七与各种金属打交道，力量不可缺少。她每天手握各种刀具，有时甚至需要拎起大锤。她需要用双手烧、刻、捏、绕、钻、砸、锤。

她屏气凝神，手中果断利落，眉间却温柔舒展。

这样的姑娘，四肢发达，头脑不简单。

3

"每个物件都有它要讲述的东西。"

动手做东西是一种自我沟通和自我表达。这种表达需要借助身体来完成，而小七一直都与自己的身体关系密切。

与其他被教育要"文静"的女孩不同，对小七来说，身体是她表达的管道，身体也教她许多关于自己和世界的知识。

早年，小七在北京做过许多份工作。广告、服装、房地产……她在各个行业兜兜转转，却发现自己越来越倾向于做一些同身体打交道的事情。

在房地产行业，小七曾有出色的销售业绩，却在老板提出给她升职加薪的时候决定辞职。

原来，小七从2009年就开始接触跑酷运动。

这成了她在业余最喜欢做的事情。当时，她辞职是为了能全身心投入团队为参加大赛进行的集训。

"一点都没有犹豫，就是觉得喜欢做这件事，更愿意在这件事上投入，就辞职了。"

一投入就一发不可收。2011年，小七参加了红牛极限运动的跑酷赛事，一举夺得女子竞速冠军。

当时，国内的跑酷运动才刚刚开始，玩跑酷的女生更是寥寥无几，小七一时间成了红人。那段时间，接受采访、拍摄广告、上节目成了家常便饭。

后来，小七偶然接触到了咏春拳，又入了迷。她认真拜师学习，这次也一发不可收，一路从拳手成长为拳馆教练。

她仿佛天然与自己的身体有种亲密而默契的关系，她善用身体，也善于倾听它。

这些和身体一起创造的经历也带给了她许多独特的体验，塑造着她的内心。

"最开始喜欢跑酷是因为觉得这个运动酷，后来渐渐爱上它带给我的感受，那种挑战自我的成就感。"

小七能够在其中观察到自己细微的变化和进步，这让她有一种踏实的感觉。

她的内外都变得坚毅。因为这些运动总在时时刻刻问她一个问题："遇到一个坎儿，你是逃避还是面对？是绕过去还是跨过去？"

4

2016年年底，小七到大理旅行，误打误撞闯进了一间手艺人的工作室。

小七记得那是一个周一的中午，只有一个姑娘在安静地做首饰。

小七看到她就走不动了，屏气凝神在一旁看了许久。

半晌，做东西的姑娘终于抬起头来。

"喜欢吗？要不要来学？"

"做的东西能卖得出去吗？"

"能啊。"

就是莫名被所见的姑娘"做东西的状态"深深吸引，古城都没再逛，小七在工作室待了一整天，还拍了张"假装在那儿做东西"的照片。

第二天，小七一回到北京就告诉家人："我想去学金工。"

小七的妈妈就说："好啊。"

妈妈一直都对小七爱护、宽容，对她的重要决定不干涉，所以小七才可以随心所欲地尝试，自由地做许多"男孩子气"的事情。

但妈妈希望小七早点结婚，有个归宿。

小七在 2012 年就结婚了，这成了她后来"唯一觉得后悔的事"。

"我当时应该跟她好好沟通，弄明白她到底是想让我结婚，不管我过得开心不开心，还是更想让我得到幸福。后来其实她告诉我，她只是希望我幸福，她要我幸福。"

妈妈身体不好，有二十多年的糖尿病史。小七觉得应该用结婚给母亲一个心安。

但抱着这个目的走入的婚姻，就像"两个普通朋友共同生活在一个房间而已"，平淡，但没有快乐可言。

小七想要学手艺的想法遭到了对方家人的强烈反对，他们要她生孩子。小七在结婚时就已经与丈夫商量好不要孩子。后来，夫妇两人也在压力下开始了争吵。

婚姻一地鸡毛时，小七的妈妈病倒了。

妈妈突发脑梗，当大紧急手术后，就转入 ICU 住了一个多月，其间医生下了两次病危通知书。小七紧急回到老家看护妈妈，日夜无法合眼。

"后来转到普通病房，妈妈的状态一直很不好。突然有一天，凌晨三点多钟，妈妈醒了。"

小七特别高兴。那天，从早上一直到下午四五点，妈妈的状态都特别好。七八点钟她却开始难受，呼吸加重。

抢救时，医生告诉小七，要么选择继续抢救，要么让妈妈回家。

"理智上知道，妈妈要走了，她现在很难受。但我当时就疯了一样在医院闹，要求不管怎么样都要给她救回来。"

那时小七无法控制自己的身体，她一遍遍扑向医生。

她最后终于还是接受了现实。"把妈妈带回家后，不到十分钟，她长舒一口气，走了。"

2017 年 1 月 6 日，小七离婚。1 月 24 日晚上 9 点 09 分，妈妈去世了。

一切发生，无可逃避。

5

小七留在老家，为妈妈料理后事。

对时间的流逝浑然不觉，一转眼三个月过去了。她反反复复地想起妈妈的样子、做事情时的身影，她总想起妈妈说，"只是希望你幸福"。

收拾好一切，小七剃光了头发，来了大理。

她孑然一身，带着被推翻的过去，还有丧失、悲恸。

小七拜师学艺，和其他学员一起每天埋头学习、做手工。

这个光头的女孩在他们眼里古怪、强悍、灵动。

和自己身体的良好关系仍然是小七的优势，动手实现一个想法，表达一种感受，她擅长，也享受。

小七勤勉。她每天都要在工作室忙碌到凌晨三点，别人一天做五六个东西都很吃力，她一天可以做出来十几个。

她做东西随性，常常有突然而来的灵感。

前一天吃了砂锅鱼，第二天她就做了一个鱼戒指，铜的。

毕业了，要拍毕业照。别人都规规矩矩挤在一起咧嘴而笑，小七大剌剌躺在桌子上。

师傅欣赏小七，说她是一张极好的白纸，越是白纸，越是没有框架，不会局限自己，想到什么，学习技术来实现就好了。

在这样日复一日高强度的训练和劳动中，小七终于从淹没她的悲伤中将头抬出水面，换上了气，缓了过来。

一个周期的课程结束，其他学员都离开了。小七没想走，她留下来看店，继续学习。后来开始渐渐产出自己的作品，也有了收入。

小七热爱做东西这件事，每天都沉浸其中。渐渐地，她变得厉害起来。

小七没有学过画画，她会直接动手雕刻出图案。有一位客人要她雕刻一个狮子头，可她那时连画一个狮子头都不会。

用了三天半时间，她还是如期完成了作品。她没有别的法子，就是一刀一刀地刻，哪一刀错了，就全部重新再来。

这个以前总在跑动、跳跃、快速出拳的女孩，也在这一刀刀中被雕刻得耐心、柔和。

她学会了花丝工艺。这个工艺要把银拉成很细的银丝，再慢慢搓。

银丝被拉到最细，得过火、变软，才能搓，但火候得掌握好，火用得太猛银丝会熔掉，太弱又没效果。搓丝力度也要刚刚好，而且不能粗细不均。

全神贯注，拉丝断了重新来，搓丝折了重新来，焊接熔了重新来……每一个步骤都做好，一般得做四遍以上。

这个手艺，小七教给她的师傅，师傅尝试后感慨“真的不想再做第二遍”。

小七却乐在其中。

小七做起东西来仿佛丧失了时间感，有人问她：“你低着头，几天就做一个东西，时间不是被浪费了吗？”

“我觉得我的时间花在做东西上，比花在玩手机、做其他别的事情上有意义。每个人对于意义的定义是没有办法相互比较的。而且，我们也不能用时间来评价创造这件事的意义。”

小七从中发现了幸福。

她描述动手创造的那种让人着迷的感觉：“你的生命和作品的生命是有结合点的。你得以观察，在时间的流逝中，作品是如何变化的，这一秒的你和下一秒的你又如何变化。意义不就体现在流逝的时间里？”

6

一转眼，小七来大理三年了。

小七做的首饰带着她的阅历、气息，渐渐吸引了自己的拥趸，工作室也有了雏形。

人们会找上门来要小七帮他们定制东西，但有时他们并不清楚自己到底想要什么。

小七会耐心地观察他们，听他们诉说自己的关于爱的故事，关于失去的故事，然后给他们建议。

一个胖乎乎的女生刚刚失恋，来到大理散心，她想做个东西送给自己。

小七问她，你有没有看过大理的云？它们自由自在，随时随地在变化，仿佛随时可以融入群体，也可以飘向远方。

后来，女孩得到了一枚有云的元素的戒指。

最近有个客人，先去一家店里买走了小七做的一件首饰，后来又在她的工作室发现了更多喜欢的东西，猛然意识到，“原来自己喜欢的东西全都在这儿，在别的地方买的那样东西也是出自同一个人之手”。

“这种感觉很奇妙，我和他人之间的媒介是自己做出来的东西。我们通过它们相识、沟通、联结。”

大理也有许多像小七一样的手艺人。他们彼此惺惺相惜，会开放地分享过往，也能做到对他人独特之处的包容、接纳。

他们会通过互送自己亲手做的东西表达对彼此的爱意。

小七在大理并不感到孤独，反而开始真正舒展开来。她周围聚集了一些彼此相爱的同伴，他们在一起做东西，分享和照料彼此的生活。——曾经重要的关系渐渐远去，新的关系在此地形成。

“其实只有做自己喜欢的事情，才不会被饿死。”

是自己曾得到的爱，母亲的“希望你幸福”，让小七敢于在人生的大部分时候去选择自己真正喜欢的。

这让她有力量在生命的冬天为自己松土、播种，再等待春天，等它生长出新的东西。

长大第一件事就是离家出走

苏面面

01

明年表妹要参加高考了，全家都在给她加油打气，可当问到理想院校时，她忽然就沉默了。

大人们使了个眼色往别的话题扯，我却按捺不住这份好奇心，私底下偷偷给她发消息。

单独面对我时表妹放松了下来，她叹了口气道："其实我有点想去北方读大学，但我又有点害怕，父母也不大同意。"

她又抬头看了看我："而且你当初也选在省内读的书，是不是真的别跑太远比较好啊？"

我瞬间就明白了她的顾虑，这个问题也好像把我带回了那个潮湿的6月，我好像又看到了那本厚厚的填报指南，以及自己翻页时犹豫不决的手指。

我摇了摇头："不，就是因为当初我选在离家近的地方读书，所以我想告诉你，如果你有能力的话，大胆地走出去会更好。"

坦白说，我不是个喜欢后悔的人，但如果真要问我人生中有没有什么遗憾的话，我想高考时没能一鼓作气填报一所省外的院校的确算是其中之一。

02

我还记得当初看到高考成绩时的感觉，惊讶中带着一点难过，但好像又夹杂着些意料之中的平静。

那是一个略低于我平时水平的分数，不过总的来说也称不上是什么大失误。

父母在短暂的失望过后叮嘱我好好填报志愿，而我翻遍了整本手册，忽然把目光锁定在了离家两千多公里的北方城市。

原因也很简单，这个分数在省内比较尴尬，填得越远反而能上更好的院校；更重要的是，我是个南方人，我没看过遍地的皑皑白雪，所

以很期待那样的校园生活。

然而当我把这个选择说出口时全家人都觉得我在开玩笑，因为在他们眼里我娇气、胆小、不够能干。

于是父母跟我说了一大堆远行的坏处，告诉我一年只能回两次家，遇到什么困难都没法帮衬，还有可能吃不惯住不惯，和不同地区的舍友发生矛盾。

我本来就对未知的一切感到恐惧，在他们半开玩笑的调侃中，最终放弃了这个突如其来的念头，选了一个省内稳妥的院校。

可是收到学校录取通知书的那天，我发现和我玩得很好的一个同学就去了北方那座城市。

她说她不在乎路途遥远，也不在乎那么多未知性，她只想看看不一样的风景。

03

我大学四年过得也很开心，我不觉得这个决定是错的，但我确实为此感到遗憾。

我的那位朋友看过我心心念念的大雪，把我憧憬的周边城市玩了个遍，明明是第一次坐飞机却处理得足够完美。

有时候看着她的朋友圈，我会羡慕地想，假如当时的我勇敢一点，也许这么快乐的人就会变成我。

大学毕业那年我同样面临着这样的选择，我有点想去其他城市看看，但显然不管是从经济还是人脉上看，回老家才是最优解。

我思考了很久，最后还是败给了熟悉的舒适圈。

那一年我朋友也回了老家，我们在下班之后经常会出门吃饭聚会。

有一天她突然跟我说，她已经递交辞呈了，接下来想去上海工作。

在场的其他人都惊呆了，然后一条条说起了上海物价贵、上海竞争激烈、去上海没人照顾之类的话。

朋友只是淡淡一笑："我知道啊，但我还是想出去看看。如果总是想着这些东西的话，那就永远都走不远了。"

她到了上海之后换过两份工作，也因为租房崩溃过，可每次问她有没有后悔过时，她还是很自信。

"一点都不后悔，如果我一直留在老家，我就没法变成现在的我了。"

04

说实话，每次都在关键时刻选择往后退的我，好像没什么资格给表妹建议。

但就因为往后退的我感受到了错过的遗憾，我才更想告诉表妹，告诉像她一样想去远方却还在纠结的年轻人——不要纠结，想走就走。

不要因为害怕离开熟悉的环境而放弃这个念头，不要因为太多别人口中的未知就选择留在原地。

其实当你真正前往那个地方时，很多问题也就迎刃而解了。

但假如一直选择放弃的话，可能就会和我一样，变得越来越无法鼓起勇气去面对生活中的变化，从而留下诸多空白时刻。

这样的犹豫会在往后所有需要做决定的时候影响着你，让你难以去接受新鲜的事物。

年轻是我们拥有的特权，年轻时作出的任何选择都拥有着无限可能性，所以我们要去看更高的山，去追更远的风，去做更好的人。

不要让那些凭空想象出来的困难阻碍了你，我们都足够优秀、足够独立，这些问题曾被千千万万的人解决过，你当然也可以。

总有一天，当我们走累的时候，自然会回到我们最熟悉的地方。

但不是现在，不是今天，也不是还想前往远方的每个时刻。

她的大学上了八年

✽聆 思

一

大概是十几年前吧，在老家，那时她还没辍学。

每次回家后做的第一件事就是掏出那个二手MP3，边充电边听歌。然后在父母的争吵声中，谨慎地、无声地随着耳机中曼妙的旋律哼唱。

她想，她若跟着唱出声来一定也很动听。不过在家里她从不敢做这样的尝试，以免引来父母任意一方的打骂。

可后来这个家庭到底没有维持住。随着那天父亲粗鲁地将她一路从学校拖拽回家，辍学和无家可归的命运一并降临。

她含着泪问："那我去哪儿？"

母亲嫌弃地看了她一眼："问你爸去！"

父亲左手拉住她的弟弟，右手冷漠地一挥："爱去哪儿去哪儿！"

于是她就被送去饭店打工了。说是打工，但最初时瘦弱的她连服务员的活都干不了。充其量算是门童，拿一个月六百的工资，包食宿。

后来做久了，再加上饭店老板也实在心疼她，咬咬牙给了她和服务生一样的工资，一千二。

二

也许连她自己都没有想到，在饭店干活的那些年，她对音乐的兴趣能保存得那么完整。

在干完活不被人打扰的间歇，她会戴着耳机听歌，声音开得不大不小。她听王菲、凤凰传奇，也听邓丽君、张国荣。

偶尔在听到非常惊艳的歌曲时她也会跟着唱出来。不得不说，她在唱歌上确实有一种天赋，她与生俱来的嗓音，她对于旋律的把握，她那变换自如的音调，都让人惊叹。

有一次她在饭店午高峰结束后，在老板的私人音响伴奏下，唱了一曲《红豆》。随着歌声响起，整个饭店不论老板、服务生还是没走的客人们都陶醉其中。饭店老板如痴如醉地听完后，忍不住赞叹地说："好家伙，简直邓丽君现场版！"

旁边一个服务生扑哧一下就乐出来了："老板，这是王菲的歌！"

老板也不觉尴尬，跟着笑了会，然后非常认真地说："我觉着你这是本事，不能荒废……你想上音乐课不？大学的那种。"

看老板说得认真，她也跟着认真想了一下，然后摇了摇头："我初中都没上完，哪个大学能要我……不过能去肯定想去啊。"她自嘲一笑："谁不想正经上个学呢。"

她当时以为老板是调侃她，可没想到过了几天饭店老板还真就拿过来一份课程表："周一上午第一节，去科技大学上乐理与视唱练耳课。周一下午第三节，去省师范上艺术实践课。周二下午第一节，去经贸大学上歌唱语言训练课……"

老板指着课程表说："跑的脚程是多了点，挨个大学转，不过请假的话我这都批给你。工资虽然少发你点……不过也少不了太多。”

“我，去上课？”她震惊了，指了指自己，“还是大学的课。”

后来在老板的解释下她才明白过来，原来只要有熟悉学生肯将她带进大学教室（没有熟悉学生花钱雇人带进去也行），她就能跟着一起“蹭课”。

她默默无言。她没想到大学还能这么上，或者说，自打初三那天她被从教室里拽着头发拖出来后，她就打心眼里认为上学这件事跟她没了关系。同时更没想到自己有一天也能“高攀”上大学。

可这是一个机会，她不能不去，更不能辜负老板的苦心。

于是，她开始真正地学习歌唱。

三

第一次蹭课其实很不顺利。

她回忆说：“你知道吗，我第一次去蹭课时整个人都是蒙的，那个女生说绕过正门，我就绕过正门。说跟着她翻墙，我就跟着翻墙。一路上像做贼一样，提心吊胆地摸到了教室，在最靠后的地方坐下。我自认为我做得够小心的了，结果还是出了问题——我那天穿着饭店服务生的工作服就去了。”她说完这件事后哈哈大笑，仿佛是件很有意思的事。

可对当时的她来说，学习音乐这条路上其实有太多的艰难。如果说偷学也是贼的话，那她当时的处境实在与女飞贼无异：她不仅要经常和尽责的保安斗智斗勇，还要努力消除在任课老师眼里的存在感，更要想方设法地混进公共课之外的专业课教室听讲。

而除了这些外在的困难，她内在面临的困难更大。她是真的一点乐理知识基础都没有，在去学校上课之前她连最基本的乐谱都不认识。可是蹭课的好处就是，她可以选择性蹭课，跟着自己的课程表走，永远只上那几节基础课。

她从最基本的读谱学起，再到怎么练气、怎么发声、怎么操纵乐器，一遍又一遍跟着学，一遍又一遍跟着练。

她无比珍惜这得来不易的机会。在上课时，她永远是课堂上最认真的一个人，笔记记得最多，练习练得最用功，回答老师问题最积极。

在大学里蹭课时，并不是没有大学老师认出过她。但大都见她实在好学，也确实有天赋，不忍心太过苛责。

甚至在她上学第三年时，有位教民乐的女教授爱她的天分，还专门费人情为她推荐了份酒吧驻唱的活。

于是她就彻底辞了服务生的差事外出工作。不过因为她早和老板认了干亲，人便仍住在饭店里，也依旧蹭课上。

就这样一直到了2013年末，她才算是“毕业”，进了本省一家很出名的工作室。

回头看去，后来有人说她底子坚实不是没有道理。别人上大学不过上四年，她上大学上了八年：大一四年，大二两年半，大三一年，大四半年。

四

我曾经作为作词人给她填过几首词，她为人和善，我们很快就成了朋友。

当我认识她时，她已经发了许多首单曲，在圈内也算小有名气。某次我在追某个网剧时听到首好听的插曲，发微信给她时，她便会说：“呀，是我唱的，你听出来啦！”

也因此，其欢快和活泼很难让人想到她曾经历过那么多事情。

在第一次听她讲述这些事情时，我忍不住惊讶地问道：“那么难的时候你是怎么坚持下来的？”

她认真想了一会儿，咧嘴一笑，却什么都没说，转身走进了录音棚里。

她坐下后，简单调整了一下麦克风，而后神情渐渐投入，喉咙微微耸动，似是要将每一点过往经历都放入喉中。而后目光坚定，缓缓开始歌唱。

翻唱歌曲是朴树的《平凡之路》：

“向前走，就这么走，就算你被给过什么。

向前走，就这么走，就算你被夺走什么。

向前走，就这么走，就算你会错过什么。

向前走 就这么走……”

趁年轻，一定要去做自己喜欢的事

✲江 厘

很喜欢一句话："无法拒绝自己内心的人真是伟大又可怜。"所以，你知道自己的内心吗？年轻的时候，你是否坚持过一些事，比如喜欢的人、渴望的事？

1. 真正的喜欢，值得用一生去追求

18 岁高中毕业，分数不高。没想过复读，那是我这一生中最果断的一次大决定。逃脱了那个牢笼，我终于飞出来了。

一二志愿都是外省的学校，去外省是想离家远一点，想尝试只身在外的孤独，想变成一个独立的大人。最终调档留在了省内，一个人背起行囊，第一次走出了家乡的小城。那是我第一次坐火车，第一次就是一个人。

18 岁的勇敢，也是 18 岁的倔强。

填志愿时，首选专业是心理学。学心理是想看透人心，想自我疗愈，想成为一个领域的大人物。高中看过弗洛伊德，把厚厚的《心理学与生活》背回家，痴迷于港剧《读心专家》，这就是我的专业启蒙。在家乡的小城，没有适合这个专业的职位。大多数人觉得这是高深莫测的一门学科，大多数人都想懂一点。而我对于这个专业的了解，几乎为零。但因为年轻，无知者无畏。

那个时候，并不关心职业和未来，因为我相信，激情和努力可以打败一切。后来买了弗洛伊德的书放在枕边，事实证明，他的书的确适合催眠，让人做梦。专业课老师学历都算高，可是反复的理论、枯燥的陈述，我似乎听不进去了。我不想抄 PPT 应付考试，记什么重点。我只是想看懂，想在一个体系中形成自己的观念。可是心理学就跟哲学一样，包罗万象，宏大玄虚。

渐渐明白，四年的时间远远不够，不仅仅是知识的不够，而且是职业资格的不够。选择深造可以进阶，可我并没有那么想考研究生。不想再为了考试，为了学历、职业、工资去学习心理学。几年的大学课程，并没有学到多少东西。但也正是从前学习上的错误理念，让我更加明白，学习是一生的事情。对待自己喜欢的领域，更该如此。

其实对于专业，的确没有那么热爱了。一度怀疑是大学课程的枯燥消耗了我所有的激情，可如今想来，也只是因为从一开始，我就没那么了解吧。如果再让我选一次，我还是会选这个专业。

18 岁的我，不想做老师、护士、医生。原来曾经的我这么无知，以为这世界上只有这些职业了。但我拒绝了已知的厌恶，选择了未知的喜欢。

只有在很久之后，才会明白喜欢仅仅是因为未知。

明白过后，及时止损，重头来过。

2. 梦想：坚持过，撑下去

初入大学，重拾文学旧梦。加入学校文学社，跟初次谋面的部长侃侃而谈；在网上写字，一写就是几个小时，一个字一个字在手机上敲下来；记录很多投稿邮箱，发送过很多石沉大海的邮件。

曾经，我以为文学是莫言、余华、席慕蓉、纪伯伦、林清玄……可后来，开始在网上写作，看着

同我一起写作的同龄人步步高升、名利双收。突然发现，原来文学没有那么纯粹。至少在我的心中，那样千篇一律的文字的确算不上文学。我读不到思考，读不到生活的真。

说实话，我也迷失过、追逐过，甚至有过短暂的成功，为此我欣喜过。可那样实在太难受了，做一个浅薄的迎合者实在太煎熬了。所以，我并不追热点，也很少论断他人。首先，我承认自己思想局限，的确没有那种能力。时代需要先锋、引路人，对于现实，我也曾偏颇激愤。可随着年龄的增长，我渐渐明白，不该只是从自己的角度去看问题。而当一个人看到越多，他就会越加小心，不敢轻易论断。这是成长的代价，也是成长的收获。但这个社会的很多人，在思想上其实是一个巨婴。他们并不需要自己思考，而只是任由别人灌输“思想的乳液”。

为了自身的成长，我必须远离巨婴。所以，我回归了自我，遵从了自己的内心。我的文字里装满了“我”，这也注定我不会成为一个好的写作者。因为很久之前，我便知道，真正伟大的作家是要脱离“我”，写众生。可我本不想做众生，在寻求“我”的路上，终究成了一个异类。

在写作的路上，我已经死过三次了。第一次，我不会写诗了；第二次，我不会写小说了；第三次，我好像一个字都写不出了。可我到底是写到了现在，只是很久没写过诗和小说了。你知道为什么吗？因为现实让我失去了想象力和创造力，况且从一开始，我就没有什么天赋。就算有过，也被生活榨干了。我怀念那些写诗的时光，可永远都回不去了。海子和顾城可以拒绝长大，永远做个孩子，可我不能。或许有一天，我会重新开始写小说，但我不知道那会是多久之后。

我也会想，为什么我会选择写作呢？大概是因为它的门槛于我而言，没有那么高。不需要太多的物质支撑，阶层没有那么固化，可我依旧是错了。这就像作家这个集体里，基本没有底层人民；文学作品里，真正描述底层生活的也很少。因为底层人民需要生存，而“没有人会担心作家付不起房租”。文学来源于生活，而大多数作家本就没有体验过。大多数人也并不关心底层，当代的作家比较关注大众们的想法，目的是迎合他们。

庆幸我不擅长迎合，所以只能记录自己的生活了。

曾经，文学是梦想、是圣地；如今，写作是生活、是一地鸡毛。

3. 生活：趁年轻，尝试想做的事

19岁的秋天，在电影院看完《七月与安生》，我泪流满面。出来时，泛红的天空上飘着几丝素淡的云，我对着天空笑了。在我心中生出两个美好的愿望，剪短发，去旅行。

那年冬天，我第一次出省远行，北京的天很蓝很蓝；那年冬天，我第一次去做义工，在厦门第一次见到大海；那年冬天，我剪了人生中第一次短发，齐耳。

20岁的秋天，我又一次把头发剪得更短，跟《重庆森林》里的王菲一样。可或许是理发师技术太差，或者是我脸型问题，完全不是自己想要的效果。

20岁，多么美好，多么勇敢！

向往远方，就坐几天几夜的硬座火车，只为一次抵达；向往孤独，就只身上路，不去担心世界的凶险，抛却父母的挂念，对着自己笑得活泼欢畅；向往江湖，就去看路上的人，听路上的故事……

不想让灵魂空乏，所以读很多书。最终我遇到了毛姆，原来我的今生今世、我的困顿疑惑他早已经看穿，他预测了我的未来。他没有一点人情味，但我感谢他，至少没让我孤独得那么痛苦。

20岁，那是比任何一个年纪都要精彩的一年。虽然经历了失去、失望、悲伤、抑郁……但我终究是成长了。成长都是有代价的，比如年华或者一生的遗憾。但在最好的年纪里，有过这样的一些经历，此生无憾。

喜欢过、追逐过、犹豫过、坚持过、失去过，最终厌倦了、疲累了，我决定停下来。因为我已经明白自己不想过什么样的生活，至于想过的生活，我还在探寻中。生活是一门学问，需要点哲学思维。听起来有点难，但我已不再惧怕。

如今，我快21岁了，想把头发留长，但不会太长。

新生活，必须重新开始了。

祝我好运，也祝你好运！

追梦笨小孩

谢鹤醒

一

身为一名初中政治老师，每学年要带少则4个班、多则6个班的课，记不清学生名字很正常。

可我偏偏记住了崔安然。

那是我新接手的一届初三年级。在重点班上课相对轻松愉快，学生机灵又认真，课堂气氛往往热情洋溢。偶有个别拖后腿的同学精神涣散，我也睁只眼闭只眼——临近中考，大势已定，每年总有十来个学生无缘高中的大门。

崔安然便是一名早早被“宣判”落败的学生。可她和那些同样跟不上的同学又不太一样：别人上课昏昏欲睡自我放弃，她眉头紧锁一脸严肃；别人下课撒欢儿，她不是逮着老师提问就是在去办公室问问题的路上……

第一次对她刮目相看，是我在某节课上讲国有经济，进而举例说了几家国企，并且随口建议道：“大家周末可以去坐坐咱们西安的地铁，找找车型的简介，看看是哪个厂生产的。”一般这种“实践作业”，学生是不放在心上的，可没过几天，刚一上课，崔安然就主动跟我讲她去坐了地铁，并且询问了工作人员，搞清楚了车型和生产单位。我当时愣了一下，回过神来立刻表扬了她：“全班只有崔安然把我的话当回事儿吗？！你们是不是都忘了这项作业？！”

后来发现，无论是听讲的专注程度还是写作业的认真程度，崔安然都是让人挑不出毛病的那个。然而，辛苦付出并没有换来满意的结果：背诵默写她总是很吃力，讲过的题目再做一遍还是错误连篇，每次大考小考，她永远破不了班级后五名的魔咒。

我百思不得其解，崔安然明明很努力了啊！终于，当我口干舌燥地帮她分析完又一张不及格的试卷后，回到办公室我便忍不住咆哮道：“这个崔安然到底是什么路数？为啥费了半天劲儿成绩还是没有起色？”

一旁的历史老师接茬：“上次清明小长假，我让大家整理近代史部分的笔记，别人都是两三张纸就搞定了，你知道崔安然写了多少页吗？”

我摇头。历史老师略显无奈地笑了：“56页……”

啥？！我一脸震惊。

数学老师干脆总结性补刀：“崔安然啊……就是单纯的脑子笨。”

二

我记住了这个笨小孩。听隔壁班的学习委员王梦茹说，她俩是发小儿，上小学时崔安然在学习方面就认真而吃力。“哎，我有时都看不下去，老师，你不知道她有多用功。”王梦茹叹口气，满脸辛酸。

终于，班主任见我为崔安然操心操得焦头烂额，替我解开了谜团：“她小时候身体差，能学成这样已经不错了。她妈妈的意思是只要她以后能自力更生、不给社会添麻烦就满足了……你也不要太着急。”

我开始格外关注崔安然：明明是瘦弱的小姑娘，身体里却像是有使不完的能量，居然可以在面对学习中大大小小的挫折时波澜不惊，一往无前地继续努力。换作是我，可能早就像班里其他几个成绩垫底的同学那样，佯装看破红尘、诗酒趁年华了——反正也考不上高中。

距离中考越来越近，很多基础较好的学生已经不愿意专心听讲，而是埋头苦攻自己手头的资料了，我上课也是以补充和答疑为主。一次讲到人民公社，看学生饶有兴致，我便故意留了悬念，让他们回家自己上网查资料，下次上课时给大家复述。毫无疑问，这项口头作业照旧没人放在心上，除了崔安然。

当然，并没有奇迹发生。她的口头表达能力和她的学习能力同样不佳，一个简单的概念，她组织了几遍语言都讲不清楚。眼看同学们就要丧失注意力和耐心，我及时救场替她收尾，并且挖空心思地肯定了她："崔安然找的资料很完整，你们都应该向她学习！"

太难了，真是太难了。我不知道那压力如山的一天又一天，崔安然究竟是怎么扛下来的……记忆中，她的神情始终淡定从容，偶有一丝焦虑掠过，也稍纵即逝。我经常会在走廊上捕捉到她抱着习题匆匆而过的身影：凌乱的小辫，额头上此消彼长的痘痘，单薄的肩膀……这一切，都透着一股令人心疼的愚钝。

唯一一次见她忧心如焚，是她来办公室问我"如何提高学习效率"。当时距离中考仅剩两个星期了。我心想，这个问题难道不该两年前就解决了吗？而且，影响她成绩的主要原因并不是效率啊。

我讲了几句类似"每年都有垫底的学生一鸣惊人"的话宽慰她，帮她扶一扶摇摇欲坠的信心。这孩子倒也好劝，稍微一鼓励，她就又能激情满满地奋斗去了。哪怕她的成绩依然徘徊在普高线上下，哪怕班里和她情况差不多的同学都纷纷另觅他途。

只有她，好像根本没有考虑过"上高中"之外的任何选择。

三

最后一次和崔安然单独交流，是中考前三天。她找了每一科老师分析押题卷，轮到我这儿时，同事们已经打卡下班了。

6月底的天气说变就变，黑压压的乌云笼罩上来，不一会儿窗外的雨便噼里啪啦越下越大。耐着性子给崔安然讲完卷子上的错题，我看雨势正凶，干脆提议："要不听首歌歇会儿吧，等几分钟再走。"

她很高兴，脸上写满了少有的期待与放松。我放了一首《追梦赤子心》，我特别喜欢的一首歌。

"向前跑，迎着冷眼和嘲笑/生命的广阔不历经磨难怎能感到/命运它无法让我们跪地求饶/就算鲜血洒满了怀抱/继续跑，带着赤子的骄傲/生命的闪耀不坚持到底怎能看到/与其苟延残喘，不如纵情燃烧吧/为了心中的美好，不妥协直到变老……"

我问崔安然："你有梦想吗？"

她脱口而出："考高中呀！老师，我就想上高中。"

——那个对很多学生而言稀松平常、按部就班就能达成的小目标，在她的世界里，就是唯一的、远大的、最值得追逐的美好梦想。

"我觉得你可以，一直都可以。"我站起身拍拍她的肩膀。我俩一起往外走，我将她交给了她妈妈。目送她们在雨中渐行渐远的背影，我比任何时候都期望有个好结果，别人不管，崔安然一定不能输。

四

8月，中考成绩公布，各校开始录取。

"老师，我考上了！"崔安然刚好压线，被一所私立高中录取。

"太好了！高中继续努力，有任何困难都可以跟我讲。"

"我会珍惜的！谢谢老师。"

她没有食言。很快，新的学年开始，她上高中的第一个周末，第一个教师节、中秋节、国庆节……我都能收到她发来的信息，有时是简单地汇报一下自己的学习状况、住宿生活的愉悦和烦恼，有时只是单纯的一句节日祝福，让我知道，她心里惦记我。

我这个"毕业班专业户"又开始面对新一届初三学子。一次在班里讲起崔安然的故事，有学生听完感叹道："她内心可真强大。"

是啊，在这复杂世界里，内心强大比什么都重要。就像15岁的崔安然，我坚信，她终将成为她想成为的样子。

作为一个公认的笨孩子，跟大家聊聊『聪明』这回事

✻陈北宋

……01

我小时候是个笨孩子。

我不知道自己小时候啥样。我的第一张照片是小学五年级的毕业照，穿着妈妈手工做的外套，头发半长不短地披散着，婴儿肥的脸蛋圆鼓鼓的，神情严肃——的确不太聪明的样子。但是和周围其他同学差别也不大，不会让人看一眼便怀疑：这孩子怕不是个傻子吧？

长大后知道，我笨是因为性格执拗，做事很少看大人的反应，显得呆头呆脑。

如果干了坏事惹妈妈生气，我不会躲开，而是硬头硬脑留在原地，不求饶，也不知道哄妈妈开心，以一己之力气得妈妈顺手抄家伙揍我。

我妈叹着气对我说：“我生气的时候你干吗不跑掉啊？傻乎乎站着干吗，等着挨打？”

我这才知道原来妈妈生气的时候是可以跑掉的。但我还是觉得，做了错事掉头跑掉……好像不太好吧？

十岁时我一个人在家看家，牛缰绳不知为何松开，大黄牛难得挣脱束缚，连蹦带跳地出门撒欢。

那年头没有手机和电话手表，没办法通知爸妈。我既没有力量制服大黄牛让它乖乖跟我回家，也没有聪明到让人给爸妈捎口信来救我，更不敢丢开牛去找爸妈——这头大黄牛是爷爷的宝贝，过年时爷爷还特意给它吃饺子呢！万一跑丢或被别人牵走，损失可就大了。

我哭哭啼啼地跟在大黄牛身后，跑得腿都快要断掉了。幸亏有认识的人看到我狼狈的样子赶紧跑去我家田里告诉父母，妈妈急忙拿着绳子过来把缰绳套上，我这才得救。

类似这样的事情有点多。于是我身上被盖了个戳儿：笨孩子，死心眼。

……02

我知道自己笨，刚上中学的时候很自卑，看谁都是高手，身怀绝技那种。

但认真上课后我发觉初中的知识也不难，考高分挺轻松的。我以学渣成绩入校，半年后班级第 2 名，初二期末考试年级第 2 名，初三可以代表学校去参加数学竞赛。

没别的办法，就是死磕。初三一整年，我雷打不动每天早上四点起床站在宿舍楼旁边的路灯下背英语，背政治，背历史。当时没有教辅，只有课本，课本背得滚瓜烂熟也就那点知识。如果当时有新概念英语什么的，那我的英语肯定不是现在这样，想想还真有点惋惜呢！

好在，把书本学透后自然而然融会贯通，动动脑筋，难题什么的也大抵会做。

我中考体育没考好，仍然考入县重点高中，这一届全校有四个人被重点高中录取，只有我一个女生。

高中入校全校排名第 184 名。高一结束全校第 29 名，高二结束全校第 2 名。高三不公布名次，怕影响大家的备考状态，但其实别人都知道自己的名次，只有我不知道——很显然，我仍然是不知变通的死心眼。老师不公布，我便不问，更不会找各种途径打听。

即便读了大学，我仍然觉得自己很笨。

……03

大一寒假，我去探望大姑和大姑父。大姑不太会做饭，每次家里有客人都是大姑父掌勺。大姑父做了一桌子菜，我面前摆着一盘蒜苗炒肉，蒜苗摆得很整齐，好像用筷子一根一根码进盘子里似的。

吃饭时大姑和姑父问我在大学怎么样，能不能适应。我们随意闲聊几句，大姑父笑着对我说："……你是个聪明的孩子。"

我吃了一惊，连忙否认："姑父，从来没有人说过我聪明。"

姑父笑着摆摆手："你是最聪明的孩子。不是他们说的那种聪明，是真聪明。"

那是22年前的春节，表哥们去走亲访友都不在家，饭桌上只有我和大姑、大姑父。大姑父穿着深蓝色的中山装，笑容满面，如往常一样慈眉善目。

这么多年过去了，每当我看到有人讨论"聪明"这个字眼，总是能想起22年前的这一幕。姑父的话为我打开一个崭新的世界，驱使我去探究"聪明"究竟意味着什么。

…… 04

聪明，不等于有智力。

从字面上理解，聪明指一个人耳聪目明，仅此而已。大人夸奖孩子聪明，大约是指反应机敏，并不涉及智力因素。"智力"最起码包括观察力、记忆力、思维力、想象力、创造力等几个方面。智力是隐性的，聪明是显性的。如果硬要联系，智力比聪明程度更深，智力对一个人的生活、工作和事业很重要。

而聪明，什么都不是。

我想，大姑父想要表达的意思大约是——你虽然不是聪明的孩子，但你的智力并不弱。这样说也许更准确。

智力，也不等于天赋。智力是一个人思维能力的总和，天赋则是上天给的礼物。如果一个人智力超群又天赋异禀，定能成为著名的人才，比如爱因斯坦，霍金。

作为普通人的我们要想做好一件事，第一步先做的只能是努力，努力到一定程度开始努力拼方法，方法纯熟之后拼天赋。

以我写文章的经历为例。我从三年前开始写文，小说、散文、随笔和书评影评都有涉猎，约有100万字。这三年时间我是靠着自己对写作这件事本能的认知在写，我现阶段觉得文章应该怎么写，我就只能这么写。

中途也看过许多作家分享的写作方法，看来看去只能发出这样一句感叹：看再多别人的传记，能借鉴的只有别人勤勉的态度而已，方法始终是别人的，学不来。

不是学不来，而是以我当时对于写作的认知水平，大师的方法我压根无法透彻理解。

…… 05

直到最近，我才开始尝试学习别人更先进的写作方法，对于大师们分享的写作心得能有几分体会，鉴别出哪些有可能适合自己，哪些不适合自己。

没有穷尽自身的认知，没有努力到自己认知的尽头，别人再好的方法也不可能转化成自己的。

相信很多领域都一样。不努力到最后，在方法上就没有进一步优化的可能。而大多数人连"努力"这最基本的一步都做不到，连"方法"都没机会甄别和尝试，天赋在他们的人生中压根没有上场的机会。

那些抱怨自己没有天赋的人，大多都在抱怨老天为什么不从天上掉个馅饼儿下来，正好砸在他们的脑袋上。

作为普通人，比智力更重要的是非智力因素。意志力、面对挫折的能力等个人性格因素，对智力能否得到充分发挥非常关键。

这个世界上浅尝辄止和懒惰的人太多了，很多人连自己本分内的事情都做不到。我们只要能做到基本的勤奋，就可以把多数人甩在身后。而在孜孜不倦把小事做完美的过程中，一些更好的契机会悄然来临。

真正的天才，对于自己该做的事，一丝不苟，兢兢业业，通过99%的努力，最终站到拼天赋的舞台上。

想明白这些后，我很讨厌人家说我聪明——我可不是靠着聪明混世界的。我这么努力你看不见？是不是瞎！

我也不再轻易说别人聪明，不管大人还是小孩。别人事情做得好，功课学得好，钢琴弹得好，一定是在外人看不见的地方下了苦功夫，用"聪明"这个词一带而过，轻飘飘的，也太不公平。

身边有你，
我便不畏惧这个世界

那年夏天不尽的梦

✻飞　星

1

学生时代，好像总有那么一个被排挤的存在，不被人喜欢的原因不外乎性格太闷、成绩太差、行为太怪。高中时，我们班也有一个这样的女生。她其实有个很好听的名字，叫文菲。她成绩不算好，但也没有很差。她个子小小的，皮肤白白的，性格也不孤僻，甚至还挺敢表现自己。但怎么说呢？她在班里总表现得太刻意，所以不招人喜欢。

我们班是文科班，女生很多，花一样的年纪，又都挺会打扮，所以分班后班草很快敲定，班花的人选则一直争执不下，特别是那几个艺术生，谁也不服谁。就这样僵持着，有天文菲突然发话："大家也别争了，我这么漂亮，我就是我们班的班花。"

这话让大家都呆住了，还以为她在开玩笑，没想到她挺认真的。

最后，大家阴阳怪气地送了她一个"小班花"的称号。文菲也不知道是真不懂还是在装傻，她很开心地接受了。课间经常有人故意打趣她："为什么觉得自己能当班花？"她十分配合地回答："我这么漂亮，自然是班花。"

她说这话时会用双手捧脸故作羞涩，丝毫不觉自己成了众人的一个乐子。

时间久了，连其他班都有人取笑她。

但其实，除了自命为班花，她没做过任何不好的事，上课一丝不苟，课后也很认真学习，对班里人也热情。可大家就是不喜欢她，觉得她很做作。除了大家无聊时会围着她取乐，上厕所、跑操、去食堂、回宿舍，她都是一个人。

2

对文菲，我没什么看法，也不觉得挖苦她多有意思。但和她没什么交集，自然不可能站出来阻止大家，做个伸张正义的大侠。直到我和她成了同桌。

换位置前班里人还煞有介事地叫我保重，但真正接触下来，我并没有和她产生什么矛盾。她说话做事的方式和大家不一样，但这并不能成为挑刺的理由。虽然做不到亲密无间，但顺手借笔记、搭个腔儿，都是很小的事，我并不觉得自己做了什么，文菲却受宠若惊。不过半个月，她给我安上了"姐姐"的名头，还有了固定台词："姐，你人真好！"

她说这话时语气特别夸张，叫人鸡皮疙瘩落一地。但她眼里闪烁的星星不作假，我能感受到那是她最真挚的反应。说来，我曾给过她一块巧克力，是国外的一个牌子，包装很精致。文菲收下后放在校服口袋里，每天都会拿出来看两眼，但一直没吃。

她说这是她第一次收到这样的小礼物，她很珍惜。

但其实那是因为我牙疼才顺手给她的，她的郑重叫我很心虚，我只好在课间分享更多小零食给她。伴随着她日常嚎叫"姐，我真的好幸福"，我和她的关系拉近了很多。

可我们并不算朋友，尽管每天抬头不见低头见，和我一起手拉手去厕所的小伙伴不是她，一起吃饭的小团体里也没有她。我只是偶尔给了她一些关心，但这种相对友好是脆弱的，经不起考验。

有次我不在教室，文菲将我抽屉里的一本小说借给了班里人，然后传来传去，那本小说找不到了。

我当时很生气，因为那本小说是我闺蜜的，现在因为文菲弄丢了，我也就理所当然地把气撒在她身上。前后桌跟着一起批斗她，仿佛她做了什么十恶不赦之事。

但我清楚，我只是在迁怒。即便我当时在场，那本小说还是会借出去，然后被弄丢。做错事的不是文菲，而是随意处置他人物品的借书人。

说到底，柿子总要拣软的捏。找文菲发泄一场多简单，何必再去得罪其他同学。

那是文菲第一次见我沉下脸来，她好似吓到了，一个劲跟我说对不起。我没理她，她又特意去了理科班，找我闺蜜道歉。为此，她还去书店买了当下热卖的小说作赔礼。可即便这样，班里人还是在一旁煽风点火，挤对她做错事就是做错事。

这叫我心里挺不是滋味，但又拉不下脸去道歉。于是闺蜜给我出了个主意——给文菲带早餐。那时我住在校外，校门口的早点花样很多，酱香饼、三鲜豆皮、欢喜坨、热干面，我每天变着法儿给她捎带。

我与文菲真正成为朋友是在那年初夏，那时轮到我们班早晚值守教学楼。我不算“社恐”，但打心底里讨厌孤零零站在一旁看着人群来来往往。可我又好面子，说不出让好朋友陪我的话。不想第一天值日，我不情不愿来到楼梯口，却看到文菲也在那里。

她每天都准时报到，也没有刻意做什么，只是陪在我身边。即便不说话，两个人站在一起，那些或张望或探究的目光就不再让我心慌。

我与文菲的关系，在值日结束后突飞猛进。

我在班里算优等生，朋友很多，我的改变或多或少影响到了身边人。文菲的身影开始出现在我们那个小团体，一起吃饭、午休、散步，她不再总是一个人。

性格使然，文菲依旧不那么讨人喜欢，可她执拗却不失乐观的形象在班里变得鲜活起来，大家不再戴着有色眼镜看她，虽然还是习惯性叫她“小班花”，却多了几分亲近的意味。

3

夏风拂面，蝉鸣喧嚣，高一的时光倏忽而过，转眼间我们就踏入了高二。

桌上的参考书高了一截，联考、月考之外多了周考，班主任嘴里开始念叨与高考有关的字眼，而我却在这一年沉迷于小说，心思渐渐不放在功课上，成绩一路下滑。

文科嘛，主要靠背诵，我的记忆力一向挺好，又自负底子好。我总觉得只要之后努力，成绩总能追上来。所以哪怕班主任找我谈过，我依然无所顾忌地成天看小说。

倒是文菲，比我还着急，总板着脸说：“姐，你不可以这样。”

起初我还会敷衍她，后来干脆无视，直到课上看小说被老师抓了个正着。当时我整个人都蒙了。文菲安慰我，我像找到发泄口，不可理喻地怪她没及时提醒我避开巡查。

文菲顺着我的话说是她不好，我更烦躁。我想自己静一静，但她不放心，一路跟着我来到操场，我的情绪彻底爆发。

“你以为你是谁啊，能不能不要再管我的事？”这话真的太伤人，说完我就后悔了，“我不是这个意思。”我想解释，可没想到文菲居然哭了。

从前无论班里人如何对待她，说了多过分的话，她都没有哭过。

可现在，她站在我的面前，因为我口不择言的一句话哭了。或许，在此之前她早就积攒了无数委屈，这一刻再也绷不住。

“我们不是朋友吗？”

是的，我们是朋友。我应该果断回答她，可不知为何我的喉咙堵住了，什么话都说不出来。

“你为什么要这样？”她的声音很低，“你不知道，我有多羡慕你！”这是句没头没尾的话，文菲也没指望我能理解，她难堪地别开脸，说：“姐，你有没有注意到这次月考我的成绩？”

我的大脑一下死机，说不出那一瞬心里是什么滋味，只觉无法呼吸一般。我试图说些什么，可说什么呢？说她即便那么努力，成绩还是不如三心二意的我？这太沉重了。那些在我看来很容易做到的事，对她来说是那样遥不可及。

那晚过后，我们再也没提过这个话题。

那个颓然的文菲仿佛只存在于我的错觉，像过去的每一天一样，她依然第一个来到教室，周一背单词，周二背古诗，周三梳理历史要点，周四回顾地球运动，周五背时事政治。别人怎样她不管，她只一心朝着梦想前进，可能很笨拙，却从不迟疑。

她依然会每天微笑着向我问好，即便那时我们不再是同桌。

空间的距离反倒让我们更默契。我没有告诉她要如何追赶落下的功课，就像她始终相信我只是一时迷路，正沉默着积攒力量。我不去管闲言碎语，也不去想最终目的，与自我抗争，逆流而上，只为了在最好的年华里做最好的自己。

4

该庆幸，我在学习上到底有些聪明劲，高二下学期期末考，我的总成绩再次进入班级前五。成绩出来后，我拉着文菲冲到艺术楼的天台上大喊大叫，尽情宣泄这半年多来的压力。

当然，这不是终结，而是开始。

“要继续加油！”我和文菲在夏日的晚风里约定。

高三如期而至。

那真是一段天昏地暗却又灿烂热烈的时光，日夜颠倒间闪烁着难解的公式与符号，汗水与泪水交织着激情与梦想。每天早上五点半起床，晚上十点结束自习，睡前再写张卷子。

最后一年，所有人都很努力，就连空气中都充斥着奋斗的气息。

这个盛大的夏天没有辜负每一个有心人，纵然不是一飞冲天，可竭尽全力同现实奔跑，我们在笑与泪中成长，青春散场，不留遗憾。

毕业聚会的那天晚上，我和文菲最后一次并肩走在操场上，我们都没说话，安静听着身边此起彼伏的虫鸣，在月光下相视一笑，之后便各奔东西。

我们去了不同的城市上大学。我遇见了更多的人，经历了更多的事，可文菲始终是我遇见烦恼时第一个想倾诉的人，在她面前我可以卸下伪装，无所顾忌，坦诚自在。

5

我和文菲最后一次见面是在大学毕业那年。我们再次回到高中校园，走过熟悉的林荫小道，来到艺术楼前的紫藤花架下，像从前一样背靠背坐着，静静地吹着风。

良久，我听见文菲轻声说了句“谢谢”。

她说，在我成为她的同桌之前，她一度很厌弃自己，因为班里没人喜欢她，她越想靠近大家越是出错。那时，她甚至产生了退学的念头，是我的出现救赎了她。

“不，是我要谢谢你。”这一次，我终于可以笑着回答。

是我要谢谢她，因为是她宁愿被讨厌也要拉住走入迷途的我，也是她让我感受到坚持的力量，才成就了后来破茧成蝶的我。

“要继续加油！”我们在夏日的晚风里再次约定。

未来盛大但不一定光明，可现实永远不会消失，逃避解决不了问题，我们能做的只有坚定不移地向前，乘风破浪，总能抵达最想去的远方。

有一种爱，叫“我不想你重复我的人生”

✲赵晓璃

01

桃子从美国回来了，前不久她刚刚拿到一所大公司的录用信，下周就打算去那里上班了。

桃子和母亲的关系，长期以来都很微妙。

我们上学那会儿，桃子很少提及她的母亲，有时候她母亲打来电话，桃子会冷冷地把电话给我：“告诉她，我现在出去了，人机分离。”

桃子小时候就挺讨厌自己的妈妈。

桃子的妈妈是个怎样的人呢？

后来我们玩熟了才知道，桃子的妈妈是一位超级强势的女人。桃子的奶奶家重男轻女，因为桃子是个女孩，而桃子妈妈又不愿意低头妥协，誓死只要这一个孩子，于是家庭矛盾无法调和，导致离婚收场。

桃子妈是60年代生人，小时候家里非常贫困，很长一段时间吃不饱肚子，连吃米饭都是奢侈，只能吃野菜，甚至差一点因中毒丢了性命。饥饿与贫困像是两只无形的大手，让这个女人对生存抱着莫大的焦虑，自从离婚之后，她对桃子的要求更是达到了苛刻的程度。

桃子从小就没有享受过同龄人该有的童年。

02

桃子妈利用白天和周末的时间打着几份工，她把赚来的钱全部砸到了桃子身上，倒不是说给桃子买什么好看的衣服好看的头饰，而是给桃子安排了满满当当的日程，周末不顾桃子的意愿，又是英语班又是书法班又是钢琴班，让桃子没有喘息的机会。

另外，桃子妈和桃子约法三章，一是放学了准点回家，做完她给桃子买的所有练习册；二是不准和学渣来往，只允许和学霸交朋友；三是坚决不许和男生说话。

为了确保约法三章有效落地，桃子妈更是放弃了晚上打零工的机会，手拿着鸡毛掸，看着桃子一笔一画地写作业，稍微哪个字错了一点点，或者哪道题算错了一点点，就毫不留情地用鸡毛掸打在桃子的手心上。

桃子说，她的妈妈一度严苛到让桃子怀疑自己是不是她亲生的程度。

03

长大之后的桃子不是没有反抗过，只是每次反抗之后，迎来的是更严厉的打骂。

桃子的心里充满了怨恨。

她恨自己的妈，望着肚大腰圆满脸横肉的这个老女人，桃子在心里鄙视唾弃，为了摆脱这个可怕女人的控制，桃子发奋读书，不是为了别的，而是为了能够考的大学远远的，从此不要再看到这个女人。

终于，桃了的付出有了回报。

高考那一年，桃子以优异的成绩，考到了大城市的一所名牌大学。

上大学之后的桃子为了排遣内心的郁结，开始利用业余时间读一些心理学的书籍，她深深觉得，自己的妈就是书上谴责的那一类母亲，这样的母亲由于在现实中遭遇诸多不满，所以会对生活奋起反抗，而她们反抗的唯一方式，就是逼着孩子实现自己未完成的理想。

有那么一次，桃子妈给桃子打来电话，说是亲朋好友对桃子妈能培养出优秀的大学生分外羡慕，想让桃子妈有机会和他们谈谈，但桃子妈不知道该怎么说，就来向桃子请教，只听桃子冷冷地说：“就你还配谈教育？你就把家里的鸡毛掸子带过去，告诉他们，这就是你对我全部的教育！”

说完，桃子忍住眼眶里的泪水，挂上了电话。

═ 04 ═

桃子依然觉得妈妈很烦，于是便拼了命地学习，因为妈妈说了，她能读到什么程度，她妈就供她到什么程度。

于是桃子就和妈说：“妈，我想出国留学。”

桃子妈倒也干脆：“行，只要你有本事考上，妈就是砸锅卖铁也会让你出国，钱的事情包在我身上！”

桃子如愿以偿地考到了国外的大学，并且幸运的是，她申请到了那所大学的奖学金。桃子妈开心坏了，逢人便说自己的女儿有出息；桃子却对她多有抱怨，说没事少在外嘚瑟，她这一嘚瑟，还不知道多少妈妈要拿出鸡毛掸子，剥夺她们孩子的童年呢！

桃子常常觉得，自己的妈是一个失败的女人，她没有理想没有目标，整个人都是大写的两个字——无趣。

唯一能让桃子感到温暖的，就是她妈的一手好菜了。

糖醋里脊、冰糖肘子、红烧排骨、西湖醋鱼等等，然而每当想起这些，桃子的脑海里又浮现出一幅画面，那就是这位不修边幅的中年女人扯着尖细的嗓门，用尽一切方法和菜贩子讨价还价的场景，想到这里，桃子刚刚对妈浮现的一丝好感也立即荡然无存了。

从国外毕业之后的桃子在当地找了份工作，她完全活出了另外一个样子。

她留起了长发，烫起了大波浪，穿着时尚，化着精致的妆，业余时间去健身房，练出了一副好身材。她的朋友圈全是她穿着漂亮的衣服四处游玩的图片，香槟、美酒、闺蜜、蓝颜知己更是数不胜数。桃子的收入让很多人瞠目，而优秀的桃子一直单身。

═ 05 ═

我问桃子：“既然你好不容易脱离了妈妈，又何必放弃国外优渥的待遇，转而回国呢？”

桃子说，那是她失恋的一个晚上，找不到人倾诉，忽然想起了妈妈。

看到视频那头的妈妈一下子老了很多，变得异常温柔而慈祥，桃子把最近的遭遇和妈妈哭诉了一番，只听妈妈对桃子说：“没什么的，孩子，你这么优秀怕什么呢？妈妈对你有信心，要知道我当初所做的一切，就是为了让你不要再走妈妈的老路。妈妈这辈子也就这样了，而你还年轻，为了这个渣男不值得。你知道的，妈妈我也不会说话，现在啊，我也会按照你的建议阅读一些文章了，说出来不怕你笑话，渣男这个词，是妈妈才学到的。”

桃子扑哧一下笑了，她忽然明白了眼前这个既熟悉又陌生的女人。

她算了一下，在她 4 岁时父亲离开她们母女的时候，她的妈妈才 28 岁，和现在的自己差不多大。

而当时这个女人将要面对的是无法想象的拮据和困境，以及各种冷嘲热讽，但生活不允许这个女人有太多的迟疑与犹豫，面对尚且懵懂的女儿，她唯有擦干眼泪，像个男人一样直面生存的压力，咬着牙把日子撑下去。

她需要保证女儿每天的营养，需要竭尽所能保证银行卡里的存款稳步攀升。她不敢乱花一分钱，她唯一的乐趣，就是把平时讨价还价节省下来的硬币放进一个储蓄罐里，等攒够了，就去超市买一盒香气浓烈的雅霜，算是给自己为数不多的犒赏。

她知道这辈子自己大约只能如此了，但她更清楚，外面还有一个更大更辽阔的世界。

她拼尽一生的气力，为了给女儿最好的教育，她不愿意自己的女儿再重复自己的老路，她不希望自己的女儿被人嫌弃，她希望自己的女儿能够在这个世界体面地生活，她希望自己的女儿享受充分的自由，嫁人或者不嫁人，这辈子都能有尊严地活下去。

═ 06 ═

在这个世界上，要说有没有这样傻傻的一个人，为了你的明天情愿放低自己，不辞劳苦地为你拼上自己的一切，甘愿忍受这一路难以言说的苦楚辛酸乃至误解。直到有一天，你展开了双翼，像一只鹰那样在天空盘旋，这个人会扬起脖子，望着你飒爽的身姿、幸福地忘掉了她自己？

有啊。

妈妈啊妈妈，可不就是世界上最傻最傻的那个人吗？

你可以靠在我肩头笑

✽王 卜

摘自公众号“年少有风过”

>>>> 01

今年的母亲节过去了，今年是我第一次送花给臧女士。

我从没以“臧女士”来称呼过她，不论是现实里还是网上，这是第一次。我打下这三个字的时候，印象里总是围着一条红色旧围裙的臧女士好像突然就年轻了。白色的短裙，米黄的短袖，头发温柔地绾在脑后，背景里的光很暖，笑也暖。那是旧照片上的她，是我没遇到过的她。

《你好，李焕英》里贾晓玲说“印象里妈妈永远都是一副中年妇女的模样”，那好像也是我的印象。记事起，臧女士肚子就是胖的，脸是粗糙的，头发是乱乱扎成一束的。她像是不寻常的一个年度，跳过了四季里的春和夏，直接来到了初秋。

花是在网上订的，只是母亲节前两天脑中一个电光石火的念头罢了。店家说花从云南花田送来，末了添一句说现在订母亲节是送不到手上的。我看看时间，大概母亲节后第二天才送到。也差不多，付钱，走人。

浪漫主义者对待送给别人的浪漫却不浪漫主义。

>>>> 02

重庆到安徽的距离是两个小时的飞机，十个小时的火车。叛逆时候赌气说的“我要逃离这里”，在这时候十倍百倍地成了现实，让人哭笑不得。我从此知道赌气的时候是不能乱说话的，因为你口里的愿望并非自己真正想要，但上帝却会看着你冒火的眼觉得这就是你毕生所求。

我平生第一次坐飞机就是为离开臧女士。

为了准备开学，我们提前一天到了重庆，住在酒店里。航班因为止不住的雨延误了两个小时，头顶的云跟着飞机也来了重庆，落地就是一片湿滑，叫人怀疑是不是飞了一圈又回了原地。

在候机厅里，臧女士举着手机给我拍视频，脸上的骄傲多得溢出来。

“你是我们这一大家子里面第一个大学生，是你表弟表妹的榜样。”这是她拿到我录取通知书之后说过最多的一句话。我笑她小题大做，她还是照样一遍又一遍地来回念叨。其实进大学在还没升入高三就已经是定数了，我们心里都明白，可她手里没抓着印有大学名字的通知书，就没有自豪的底气。她和天底下所有望子成龙、望女成凤的妈妈一样，只是胆子比他们都要小些。

正式开学那天重庆还是下雨，我拿上前一天采购的生活用品，转身走了，一次头都没回。那时候只知道我回宿舍要收拾这收拾那，要充水卡要充饭卡，要和宿管打招呼要和舍友打招呼，只知道我手上的东西很沉，淋了雨的头发很湿，只知道我狼狈得像只小狗，却不知道身后的臧女士举着手机，只等我的一个转头和挥手告别。

让臧女士骄傲的女儿骄傲地走了，没回头。

“我慢慢地、慢慢地了解到，所谓父女母子一场，只不过意味着，你和他的缘分就是今生今世不断地在目送他的背影渐行渐远。”曾经看到这段话的时候，我完全没能体会。

经年后回忆起这一幕，我想如果臧女士是个作家，她也许会在那个雨天这么写。

>>>> 03

匆忙中下单的十八朵花在母亲节后的第二天上午十一点半到了臧女士手里。

看到取货的信息我很兴奋，下一秒就截图给了臧女士让她去拿。我保留了她拥有一个惊喜的权利，没有提前告诉她这件事。偷偷摸摸给人计划一个惊喜，其实也是私心想给自己一份礼物——我渴望她夸我，甚至我渴望她给我多点零花钱。我天真又自私的样子和小时候的自己一模一样。

“快递记得早点去拿啊，最好今天去拿。”我催促，等着臧女士发来花的照片，等着她惊喜的表情。

“为什么？”她那边回了一句。

我在屏幕的这一头想着该如何撒一个小小的谎，这个小谎能让她早点去拿东西还不会觉得奇怪。我看着她那一句“为什么”，然后那句话突然被她发来的视频顶到了上方，我的视线也跟着向上跑了一截。

五秒钟的视频，只有一辆空的大货车，车厢里一个人弯着腰用高压水枪洗着车皮，地上是从车厢里清扫出来的鸡零狗碎。我不认识那个人，我认识这一整件事。怎么就忘了呢？我还没有出息到让臧女士可以和我在同一时间躺在床上跷着二郎腿打字聊天。

视频里的天上没有云，被蓝色赶走了一样。

我鼻子一阵酸，赶紧把手机扔在一边——手机和洋葱一样让人烦躁。

>>>> 04

不知道是从什么时候开始我养成了写日记的习惯。小学的时候我写一天的早中晚饭，初中的时候我写班上某个讨厌的女生，到了高中我写上一周的模拟考试排名。高三，日记变成周记，周记变成月记。从一二百字到两三千字，我用消耗得极快的中性笔发泄情绪。臧女士常驻在我日记的开头和结尾。

我读书把家搬到了出租屋，就在高中对面的学区房，五楼。离老家有半小时的车程。家里的小便利商店离不了臧女士，我和便利店一样也眼巴巴盼着她来。老爸也在，可我就是盼着看店的臧女士来。现在回想的话，那时候的心态是幼儿园等着妈妈来接自己回家的小孩儿。

冬天的晚上冷得要把人冻住，冰的风从头盔的缝隙里钻进去扎人的皮肉。电动车的速度很慢，臧女士把自己裹得紧紧的，小心翼翼从家往出租屋赶，来回是两个小时。

我有一天在日记里写：我很早醒了，老妈比我醒得更早，在厨房里准备早饭，我过去跟她说学校的事儿，她穿着红色的夹袄，老妈翻炒一下米饭然后看着我，昏暗的光把她脸上的皱纹都照了出来，圆润的下巴也没看见，我猛然觉得老妈像一根干树枝。

老妈戴上头盔出门。我在客厅静静听着电梯门打开又关上，一两分钟之后是她到了楼下丢垃圾的声音。我趴到阳台栏杆上，看着电动车前灯，那是沉沉黑夜里唯一亮着的光点。

我的嘴说话了：“妈”。

楼下的黑影动了动：“干吗？”

我有很多话可说、要说，但是最后我只说了一句：“路上慢点。”

在唯一的光点面前，说什么都是不合时宜的。

>>>> 05

十一点半臧女士发来了我盼了很久的那张照片，她穿着旧的红围裙，站在小店柜台里，手里捧着我买的花，笑得很腼腆。

花配不上她的手。

我鼻子又是一酸。平日里就是看综艺也会掉眼泪的臧女士，拍完这张照片不知道又要弄湿几张纸。

我想起了高考出成绩那天，她哭得头从我的肩膀掉进我怀里；想起了家里办酒那天，酒精过敏的她把自己喝得躺了半天……

我回复她：“等我下次，一定给你买一捧更大的！”

到时候我希望臧女士也像这次一样笑，靠在我肩头笑。

我怕，你消失在我的记忆里

✽云 星

他被推进抢救室，不过三分钟，漫长的三分钟后，便再也没有醒来。

那天，我没有悲痛大哭，不是没有悲伤，而是已经痛到麻木，没了知觉。人群在身边忙碌着，哭声，喊声，我站在原地，像是被这个世界遗忘了。我第一次真正感受到了鲁迅先生所说的，人类的悲欢并不相通，我只觉得他们吵闹。

我站得笔直，脑海中像是一部旧电影，在眼前一幕幕回放。

九岁。

“爸，你怎么这么晚才来接我啊？”放学后，我在校门口等了他许久，见到他便开始抱怨。

“有点事来晚了。”他漫不经心地回答。

后来才知道，那天他在雪地骑车摔倒滑出几米外，但还是一刻不停地赶来接我，回家的路也格外缓慢。

十二岁。

“爸，我不想上学了。”开学前一天晚上，我紧张地说道。

“啪！”他二话没说给了我一巴掌，我哭着跑回了房间锁上门。

第二天早上，我看到他看向我时微红的眼睛躲闪着。

十五岁。

“爸，我明天要和朋友出去玩，然后在外面住一夜。”

摘自公众号“年少有风过”

“和谁啊，男的女的，去哪儿玩……”

“有男有女，是同班同学，去女同学家。”我不耐烦地回答。

第二天，他还是亲自把我送去了同学家。

十七岁。

表妹把朋友送我的水晶球摔到了地上，碎片到处都是。

“你干什么？”我生气地质问她。

所有人都说我不懂事，不就一个水晶球，让我不要和妹妹计较，我委屈地跑回房间。表妹一家走后，我出了房间，看见爸爸拿着胶水小心地粘连着还残留的碎片。

……

他总是让我把不喜欢吃的菜丢到他的碗里，他总是用瘦肉来换我碗里的肥肉，他总是独占鱼头给我留下鱼肉，他总是，这么“自私”地爱着我。

从小到大，一言一行中满满的都是他的爱，可我却不曾珍惜，珍惜他的唠叨，珍惜他的宠爱。后来，想要再听听他的声音，再感受被他捧在手心的爱，却再也回不去了。

“我终于明白这世上存在着所谓的来不及，来不及就是再也没有办法跟那些人说说话了，这世上比生离更痛苦的，是死别。”

我记得小时候，骑在他的肩膀，我怕高，却安全感满满。我记得小时候，他在我心里的无所不能的超人模样，提笔会画《蒙娜丽莎》，开口能唱《花木兰》。

我记得他喝醉后抱着一岁的小侄女扭秧歌，逗得一家人大笑，也记得他睡着后雷打不动的呼噜声。

后来，他的头上生出了些许白发，眼角长出了几丝细纹，手粗糙得再也不曾拿起画笔。

直到他静静地睡着，我第一次，也是最后一次为他擦脸时，我才发现，时间从不曾对他心慈手软。

葬礼上，我像个大人一样迎来送往，麻木而疲惫。听多了“人死不能复生，节哀”的话，但只有自己知道，心里的伤又岂能是三言两语可以抚平的。有些事，我能想通，但就是难以接受。

对于他的不辞而别，我更恨的其实是我自己。之后的每个失眠的夜里，我总能想起他，不知道从什么时候起，我对他开始从依赖，崇拜变得疏远。

我总是跟他唱反调，总是难以和他相处，总是想要远离。

曾以为走不出的日子，现在都回不去了。

早上七点钟，窗外的一缕光闪到了我的眼，总觉得这时，他该在我身边，喊我起床吃饭。可是没有，我以为他还睡着，便一直等着，不顾全身麻木，一躺就是一天。直到午后昏黄的夕阳再次出现，我才知道，他再也不会醒来了。

那天晚上，天上的星星格外闪耀，我总觉得他就是其中一颗。

时间太快了，不知不觉中他老去，我们变得陌生，他离我而去。我怕有一天，还会慢慢模糊了他在我记忆里的样子。

我还想再感受一下骑在他肩上的安全感；再尝尝他做的炒西瓜皮的滋味；再看看他酒后跳舞时笑得开心的样子；再听他叫我几声月月；再瞧瞧他……

但是，没机会了。

他曾经说，不希望我活得太用力，只要有一份稳定的工作，过着平平淡淡的幸福生活，然后遇见一个对的人，这一生就很棒了。

我一页一页地翻看着他留下的相片，是他从前的模样，如此熟悉却又如此遥远。照片上的孩子稳稳地骑在他的肩膀，笑得多开心。

有什么可怕的，带我长大的不是一对肩膀，而是他稳稳的爱啊。

我曾是个留级生

✲ suger 不爱吃糖

我是从小学二年级转来小镇的，当时爸妈在老家的隔壁小镇借钱盖了房子。从 7 岁开始，我的记忆多数与小镇有关。

上小学时，我少不更事，以为小镇就是我生活的全部，或者说小镇就是我世界的中心。我没有想过自己能有什么未来，甚至在大人们一次次发问长大后要成为怎样的人时，脑海里也从未有过一个具体的目标。

我不确定自己到底喜不喜欢读书，但我知道，比起读书，我更喜欢和同学在放学后蹲在门口玩石子，或者在课间跳皮筋。

小学六年级时，我过得更加放纵。哪怕是面临小升初的压力，我依旧和班上的男生们无忧无虑地玩耍。

班上有几个痞痞的男生总喜欢逗我，惹我生气，而我一生气就会随手抄起扫帚，将他们从前门追到后门，一路追，一路打。那时候的我，还不知道什么是泼妇，虽然当时我的行为很像个泼妇。

因为太过贪玩，爸妈的注意力又都在姐姐和弟弟身上，所以我就像个放养的野孩子。我第一次尝到跌进谷底的滋味，是在小升初的考试成绩出来后。我的成绩很差。一切都在我的预料之中，所以我不觉得有什么好难过。倒是我爸，得知我的成绩后，大惊失色。他不相信他的女儿会考得那么差。

现实就像无情的警告灯，让我爸第一次觉得我的未来若不去做些努力就会变得岌岌可危。可能我会像邻居家的小姐姐一样，随便上个初中，然后转个中专，最后出来在社会上打工，打工之后就嫁人，过着一眼望到头的人生。

好在，我爸是个开明的人，又很重视教育，哪怕面对劣迹斑斑的我，也未曾有过放弃的念头。于是，不久后我爸做了一件令我至今难忘的事情。他去求我小学的班主任，让我再留一年。

可能是听闻我在学校的学风不好，成绩又差，班主任觉得再给我一次机会，也是烂泥扶不上墙。更何况在那个只讲究升学率的年代，谁也不愿轻易拿机会去考验升学率。

所以班主任劝我爸，说让我上完初中得了，不必去大费周章地努力些什么。毕竟，这个小镇上的许多女孩，就如同我前面描述的那样，混日子，到了该嫁的年纪就把自己嫁了。我爸很固执，执意认为我没有想象中那么差，只要班主任再给我一次机会，就会看到不一样的我。不知道后来我爸是怎么让班主任再次收下我的。

我又背上了旧时的书包，去学校报到前，我爸语重心长地对我说：“你要好好学习，这是你最后的机会了。”

12 岁的我，还读不出父亲话语里的隐含之意。当我去学校找班主任报到时，他面无表情地接过我的学生手册，头也不抬，直接就让我填了一下名字，然后让我离开。

那一刻，我才意识到我爸为了我，可能做了许多他从未做过的事情，比如低声下气地求班主任给我一次机会。我生性敏感，又很倔强，所以当我了解了事情的来龙去脉之后，一时间心情变得很糟糕。

我第一次觉得，被别人鄙视的滋味有多么差劲，被我爸倾注信任的目光，心里又有多么沉重。如所有励志鸡汤故事的主人公一样，我开始疯狂地学习。

成为留级生的那一年，我的生活里只剩下学习。起床的第一件事是复习前一天的数学题，烧柴做饭时，会拿着语文摘抄本一遍一遍地看。

我不知道这样的生活什么时候是个头，但每当我快坚持不下去的时候，我会默默地抽泣，然后想起报到时，老师给予别人笑脸，却留给了我冷漠的背影，那一刻我就知道自己不能放弃。

在那一年里，我的性格也变得有些孤僻，不喜言谈，哪怕是家人，也很少看到我笑。

我唯一的乐趣就是用家里的DVD播放音乐碟片，那时候S.H.E刚走红没多久，碟片里有许多她们的歌，几乎每一首我都会唱。她们陪伴我走过孤独的时光，但只有一首歌会让我听了之后潸然泪下，它就是《天灰》。当我第一次听到这首歌时，眼泪就不停地往下掉，可能因为我和故事里的主人公一样，都曾失去过。

好在一切都没有太晚，及时回头，就算不能止住眼泪，也让心里好受些。我就像一只沉默的蜗牛，将这一年的路重新走过。好在那时候的我足够单纯与坚定，第二次小升初考试时，我渴望着去证明自己：从头来过，也可以很好。

第一场考试是语文，出考场的那一刻，自我感觉没有那么差，我也就什么都没想，准备回家边做饭，边复习。

回到家没多久，我听到远处有摩托车的声音传来，当听到摩托车声在我家门口停止时，我忐忑地放下手中的复习题，向门口走去。

打开门的那一刻，我看到一张陌生又熟悉的脸，他正想停车，但看到我走出来，直接从口袋里掏出一张纸，递给了我，淡淡地说了一句："准考证要收好，加油。"

还未等我说谢谢，他就在摩托车的轰隆声里走了。我说不出，接到准考证的那一刻是什么心情，可能比起去埋怨自己的丢三落四，我更多的是被那个曾对我冷眼相待的人此刻的暖心举动触动。毕竟，在参加小升初考试前，我的成绩基本从C提高到了B以上，大概他也吃惊于我的转变吧。

那个曾让他觉得烂泥扶不上墙的坏女孩，有一天也成了他在课堂上讲的励志故事中的主人公，虽然只是轻描淡写，但至少他看到了我的努力。

小升初考试，在夏天的蝉鸣里慢慢地画上了句号。那时候，还不知道什么是聚会，分别的仪式也只是以班级为单位，集体站在校门口拍一张毕业照，然后就此告别。

成绩出来的那个夜晚，全家人好像都很随意，可能他们觉得我这段时间的确努力了许多，只要成绩比过往好，都值得高兴。只有我一个人在等待成绩出来的那一刻。

成绩是我姐帮我查的：BAAA。得知成绩的那一刻，全家人都为我高兴，只有我情不自禁地流下眼泪。压抑了一年的辛酸与艰苦在这一刻全都像决了堤的洪水，喷涌而出。

除了自己，没有人真正明白这一年来我所付出的努力到底是什么。好在，我真的做到了，没有让我爸失望，也让那个曾不太敢收我的班主任刮目相看。

后来，我去了侨中。再后来，靠着努力加运气，我上了一中。后来的后来，我考上了一所普通的大学。

前段时间，回家时去了一趟小学，经过小时候经常玩耍的大榕树时，我想起了这个不长不短的故事。

很奇怪，明明已经过去了很多年，但故事情节依旧让我记忆犹新。可能，当一件真正能影响你的事出现时，它的存在，会让你刻骨铭心，甚至能指引着你走更长更远的路。

这一路上，我很感激我爸，如果不是他的坚持，就没有现在普通却快乐的我，也很感激我六年级时的班主任，谢谢他没有放弃我。最后，我最应该感谢的是自己，倔强的我，努力的我，谢谢我自己，不曾放弃。

其实，小时候很反感自己曾是一名留级生，也曾害怕被别人知道我是留级生后投来异样的目光。大抵是真的长大了，许多事就算郑重其事地提起，都变得没那么重要，不再像从前那样害怕躲闪。

当别人问起与之相关的事情时，我会落落大方地告诉他，没错，我曾是个留级的末等生，可我相信，有一天我终会成为一等兵。

向着有光的地方生长

✻刘凯璐

◇ 01 ◆

初夏时节，刚下过雨的空气中泛起了青草混合着泥土的味道，学校的水泥地还未干透，银杏树繁茂的叶子越发簇绿，柳絮无风自起，绕着银杏一圈圈打转。

我看着窗外有些痴了，老师尖锐的声音忽然打断了我的思绪："咱们班有些同学啊，高二了都还在课间看闲书，就怕梦醒之后都是一场空。"话音刚落，同学们爆发出一阵大笑。我迷迷糊糊反应过来，上次这样被笑，是我前不久文章被当作反面教材的时候。

虽然成为作家是我一直以来的梦想，可我并不希望我的文章是以这种方式出名的。班上甚至还有人不怀好意地朝着我挤眉弄眼，"嘿，未来的作家"，起初我还是会气急败坏地跟他们理论，被嘲笑得多了也就渐渐麻木了。

终于挨到了下课，我无精打采地趴在课桌上发呆，忽然看到了在班门口的姐姐，正招手示意我出去。她背着光，神情雀跃，怀里抱着一叠类似证书的东西，引来走廊上路过的几个同学好奇地频频回首。我忽然被她骄傲的面庞刺痛，无名的怒气在我的心里横冲直撞，让我选择无视她递给我的东西。

"难道你也想用这种方式嘲笑我吗？"

姐姐被我的话烫伤一般，愣在原地，不知所措。

我冲回了教室，不再理会她。

◆ 02 ◇

忘了说了，姐姐并不是我的亲姐姐，是我最好的朋友。

我们一起长大，上同一个幼儿园，同一个小学，同一个初中，还每次都刚好在同一个班。学校的所有人都以为我们是真正的姐妹。

到了高中我总算实现了和姐姐同校不同班的愿望，当然这个小心思我从未跟任何人提起过。从小，姐姐就是那种"别人家的孩子"，处处强于我，不只是成绩，她只是在完成学业的间隙顺手学习画画就能拿奖。我天真地以为，只要我们不同班，我就不会再像从前那样老是被身边人拿来和姐姐对比了。

可姐姐那么优秀，就像是夏季怒放的向日葵，无论到哪都是阳光般耀眼的存在。即使在不同的班级，我也常听见姐姐的各种消息：竞赛又获奖了，又考到了年级第一，很可能被保送……

而我写文章投了几次稿都石沉大海，成绩更是差劲。我们每次走在一起，周围总会有人用羡慕的语气谈论着，她们说那是年级里很厉害的女孩。我当然知道她们说的不是我，就像姐姐叫我的那样，我只不过是默默无闻的丑小鸭。可高中之后，无论我如何拼命追赶她，都无法再像从前那样排名紧随在她的身后了。

还是上个周末，我们在图书馆里消磨时光，姐姐坐在走廊上画着些什么，神情专注认真，连颜料沾上了手指也浑然不觉。我翻看老师平常禁止我们看的课外书，幻想着有朝一日我也能写出这般动人心弦的文字。

可是，我平凡到不能再平凡了，大部分时候，那些文字只能被我藏在尘封的日记本里。好不容易写出让自己满意的文章，却不小心把议论文写成

了抒情文，成为班里作文的反面教材。

而姐姐似乎比我幸运得多，她是喜欢画画的，即便她的家人明令禁止她画画后，她只能偷偷画，成绩还是能保持得那么好，没有丝毫受到影响。

◇ 03 ◆

可我们以前好像并不是这样的，我们会在柳絮漫天的初夏，跑到银杏街的尽头写真，她画画，我看书，一起谈论关于梦想的事。只是，到了高中，姐姐闭口不提梦想，是那种成绩最好最乖的优等生，在听到我成为反面教材后的抱怨也只是淡淡一笑，让我莫名生出一种被背叛的错觉。

正胡思乱想着，同桌塞给我一张证书，是征文比赛一等奖的证书，上面居然是我的名字。我愣了一会儿，迟钝地反应过来，原来是我误会了姐姐。她把我羞于发表的文章偷偷拿去参加征文比赛，想要给我一个惊喜。

傍晚放学，姐姐像往常一样在走廊的尽头等着我一起吃饭，我迟疑着走过去，姐姐对我眨眨眼，把一幅画递给我，笑嘻嘻说道："未来的大作家，恭喜你呀。"

我有些愧疚，正开口欲解释些什么，姐姐笑得眉眼弯弯："不要听别人说了什么哦，他们不知道咱们的小鸭有多么棒，再忍忍。我们可以做个约定，高中毕业之后一起追逐梦想。"好像忽然有柳絮拂过脸颊，我不小心打了个喷嚏，眼眶就红了。骄傲的我，在文章有史以来第一次被当作负面教材之后深受打击，深深怀疑自己是否有能靠近梦想的实力，而那张获奖证书无疑给了我莫大的勇气和力量。

即使我什么都没有说，姐姐依旧懂我。

高三如期而至，我们再没有提起梦想的事情。我把那些书都锁进了柜子，全力以赴高考。似乎在这种时候，谈论除了学习以外的事显得太过奢侈。只是，在学到疲惫的间隙，我想到和姐姐的约定，会情不自禁勾起嘴角，幻想着未来我们各自拿着画板和本子的样子。

◆ 04 ◇

姐姐考得很好，她的父母替她选了有名的中医药大学，她一毕业就能拥有很好的工作。而我险些连本科都考不上，拼尽全力也只勉强上了个三本。出成绩那天，我松了口气，大局已定，所幸我的成绩还能卡在我最喜欢的专业。让我意外的是，姐姐对自己取得的成绩并没有表现出任何的开心。

我拉着姐姐的手哭得稀里哗啦，姐姐转过身去，肩膀一抖一抖的，肩头的衣服就濡湿了一大片，她一直都这样要强，连哭也是。长这么大，那是我第一次见到姐姐哭。现在想来，她大概是那个时候下定的决心吧。

◇ 05 ◆

姐姐回家后，和家里人大吵了一架，所有人都很不能理解，一向乖巧懂事的姐姐怎么会突发奇想，放弃好不容易才考上的大学去复读。

争吵最激烈的时候，姐姐躲到我家，半倚在沙发上疲惫地闭上眼睛。她沉默良久，久到我以为她睡着了。正准备为她盖上毛毯时，她忽然开口，眼镜上升起了一层雾："小鸭，从小，我就听爸妈的话，该上什么样的学校，该在什么年龄段做什么样的事。可是我偶尔会想，这样一眼就能望到头的日子，我真的想过吗？"

我摇摇头，在这之前，姐姐的父母来找过我拜托我去劝姐姐，他们总以为姐姐是一时的兴起刚好碰上了十八岁的叛逆。可我知道，并不是这样。

我不知道姐姐是怎么说服父母的，只记得她对我说她可以去复读的时候，语气是前所未有的轻松。

我去火车站送姐姐那天，人很多，太阳挂在天空，明晃晃的，晒得柏油路都化了，浓稠的热气在周围逃逸四散，让我的喉咙一阵发紧。我问姐姐，会不会后悔放弃这么好的前程去赌一个未知的未来。

姐姐很爽朗地笑，语气轻盈而坚定："不会。"

她终于可以背上她的画板和梦想，奔赴她真正的十八岁。

◆ 06 ◇

后来，姐姐以第一名考上美院的壮举轰动了整个小镇。我也终于像我从前期许的那样，在大学不断写文章发表。我们在不同的地方，都在努力成长为自己更加喜欢的人。

原来，花朵终会盛开，只是，我们要一直向着有光的地方生长。

靠近星辰的你

✲王彤乐

在大理的最后一晚，我和阿丁坐在阳台上漫无目的地聊天。楼下的大排档陆续熄了灯，洱海的风吹过耳边，我们谈起理想，谈起过去生活里那些忽明忽暗的瞬间。阿丁靠着我的肩膀，坐在摇椅上轻轻晃。这样的夜晚，我们都舍不得入睡。

音响里循环播放着逃跑计划的那首《夜空中最亮的星》。少年时代幻想过很多次的旅行终于得以实现，我们长大了，抬头再看到满天的繁星，却是不一样的感觉。

多年以前，阿丁在给我的贺卡上写道："希望你能成为一颗最闪耀的星星。"那张卡片至今还保留在我的书柜里。我和她共享过许多秘密，看过许多次星空，后来去往不同的城市，为各自的人生忙碌。多年以后我打开贺卡，那句话再次映入眼帘，往事像跑马灯般重新在记忆里回闪。

我第一次意识到自己不是个讨人喜欢的小孩，是在五岁那年。

阳光金灿灿地照耀大地，老师带着我们在草坪上为即将到来的儿童节排练舞剧。连着好几个下午，我们都满心欢喜地穿着小蜜蜂的衣服笨拙地跳舞，期待妈妈看到自己在舞台上的样子。

可表演的前一天，老师说为了舞台效果，需要一名小朋友在台下当"替补"，没有意外情况是不用上台的。谁当替补呢？大家都低下了头。

环顾一圈后，穿着漂亮舞裙的老师喊出了我的名字。我挪到队伍的最后一排，不敢问为什么，只觉得自己一定是做错了什么事情。

儿童节那天，妈妈和我一起坐在台下的板凳上，巴巴地望着，我跟着熟悉的节拍晃动自己的身体。等到演出结束，那些涂着蓝色眼影与红色口红的女孩们捧着鲜花与气球，兴高采烈地聊在舞台上的感受，没有人接我递过去的饼干与糖果。

到了小学，我依旧是班里最不惹人注目的小孩。

我的成绩很差，长相不漂亮，脸蛋圆圆的，眼睛却很小，总是穿着妈妈随便丢给我的宽大的运动衣。我很少得到老师的表扬，也从来没有拿到过奖状。有的小孩喜欢对我开一些过分的玩笑，还把粉笔扔到我的发卡上，他们认为我是哑巴，从来都不懂得反抗。

我不愿和人交流，整日沉浸在自己的世界里，也不爱在夜晚抬头看满天的星辰，只觉得星星们太过闪耀了，而我害怕一切明亮的事物，只想将自己隐藏在暗处。

很长一段时间，我把所有的人都想象成兔子，我们生活的兔子星球上晃动着无数柔软的粉红色长耳朵。我难过的时候，那些耳朵就哗啦啦地下雨，透明的雨打在草地上或窗台边。

五年级的作文比赛，我第一次拿到奖状，虽然只是三等奖，虽然老师并没有把我的作文读给全班同学听。

那是冬天，并没有下雪，满天的星辰明亮而洁净，在黑漆漆的天空里闪闪发光。回家的路上，我抬起头，第一次发觉自己离星辰是那么近，它们是那么明亮而美好。

后来，那张奖状被妈妈贴在墙上很多年。而那篇作文，很多年后我依然没有忘记，我把它挪到日记本上，结尾处是这样写的：

那是一个永远有光的地方，每一个长耳朵周围都环绕着萤火虫与蝴蝶，每一只小兔子都抱着红萝卜酣然入睡。而我的小兔子，它走过千山万水，它受过风吹雨打，它是最靠近星辰的一只小兔子。

直到青春期，我都是在自己幻想的世界中度过所有灰暗的时刻。那时候的我依旧孤僻，没有朋友，成绩不好，开始发胖。我路过镜子的时候总是匆匆走过，不愿多看一眼；上课因为回答不上来老师的提问，我总是被罚站在教室的最后一排。

正是在那个时候，我认识了阿丁。

阿丁和我的性格截然相反。和人交流的时候，我总要确定别人足够喜欢我、认可我，才愿意同他讲话。我害怕被否定，害怕被拒绝。可是阿丁不一样。她很热情，也很真诚，不论是和谁都有说不完的话。那时候，她觉得我的作文写得很棒，总喜欢拉着我往语文老师的办公室跑。

我害羞，不愿意去，可拗不过她的生拉硬拽，于是低着头，红着脸，胆怯而期待地把作文本递过去。

语文老师刚毕业没多久，很喜欢笑，笑起来眼睛弯弯的。她拿着红笔圈圈点点，然后在我们的本子上画一颗星星或一张笑脸。

有一天语文老师对我说："你一定会活成最闪耀的那颗星星。"她打开抽屉，把几颗水果糖揣在我的校服兜里："你写得很棒，一定要加油哦。"

那天阿丁也很兴奋："看嘛，我就说你很不错的。"

我们躺在学校的操场上看星星，远方的山隐匿在夜色中，篮球场上传来喧闹的声响。我和阿丁靠得很近，能清晰地听到彼此的呼吸声，我们共享着同一片星空。晚风吹来，过去的一些事情在这样的时刻被慢慢治愈。

我开始与自己和解，尝试变得开朗。尽管后来也并非一帆风顺，朋友的离开，考试的失败，理想与现实间的徘徊，让我不断地练习失去，练习接受，练习打开自己的心。

二十二岁，经历过许多深刻的夜晚，我常常会想到十二岁那年抬头看天的瞬间，那时候觉得星辰是多么的遥不可及。

再次和阿丁相聚，她问我这两年有没有什么变化，我说："我更喜欢给自己买花了。"

傍晚回家路上，我总要花很多时间在花店或小摊前停留。那些山茶、绣球、雏菊、百合多么漂亮，捧着它们走在星辰之下是件多么幸福的事情。

"我现在，很喜欢我自己。"

阿丁用胳膊肘轻轻地碰了碰我，然后我们都笑了。

歌里唱着："我祈祷拥有一颗透明的心灵，和会流泪的眼睛。"我看着那片最洁净的星空，在茫茫黑夜中感到光明。

贺卡上那句"成为一颗最闪耀的星星"的祝福还没能实现，可闭上眼睛，过去那些温柔的人和事慢慢降临。在满天闪烁的星辰下，无数只柔软的长耳朵正随风晃动，好像从很多年前开始，我们就是黑夜中无限靠近星辰的人。

我希望她的人生比我要烂

辛夷

她发微信告诉我她国家奖学金的申请通过了，但是她有点担心明天的答辩。

我告诉她：“你要加油哦，肯定没问题，等着请我吃饭吧！”

但是，屏幕前的我一脸冷淡：“真希望你明天能出点差错。”

1

在《我的天才女友》里曾谈到过：世界上存在这样的关系，你最好的朋友就是你最强大的敌人，这是每个人自我隐瞒的秘密。

友谊不只关于爱，也关于恨。

我和她一起携手走过了整个中学时代，见证了彼此的成长。

我介绍她总说“这是我最好的朋友”，她也和我一样，总是会在“朋友”的前面加“最好”二字。

我们无话不说，也无所不谈。但是，在我心里，她是阳光下明黄色跳跃的色块，我是阴雨天灰暗斑驳的阴影。我心里很不舒服。

我们高中时的学习成绩都差不多，都是班级十几名。她的数学实在是差，我的物理也不是很好，老师批评完她的数学，肯定要唠叨几句我的物理。

这时候的我俩总是偷偷交换个眼神，耸耸肩，再悄悄地笑笑。

可是，后来我没有想到，高三后期她的数学像打开了任督二脉似的，十分二十分地噌噌往上涨，也稳稳地保持在班级前五名。

而我的物理却还是和之前一样，110分的试卷，我还是只能考50多分。

成绩的飞速提升，老师们的夸奖，同学们的羡慕……都不是我的。原本她跟我差不多，却逐渐变得高不可攀；原本我们之间平等的关系，慢慢有了落差。

我承认，我嫉妒她，嫉妒她那么快进步，嫉妒她为什么现在变得那么优秀，嫉妒她现在为什么比我强。

这种感觉就像什么呢？

一头小兽眼睁睁地看着自己的同伴一点一点地成长，但自己的城堡却步步沦陷，无力夺回那些原本属于自己的东西，只好在越来越狭窄的领地里焦虑到抓狂。

为什么嫉妒这种人心深处最肮脏的东西，偏要用真诚而无辜的友谊来偿还？

2.

我暗暗告诉自己，我一定要比她优秀。

刻在骨子里的骄傲不允许我成为一个失败者，尤其是在与她的竞争里。

我一度沉溺在与她的比较之中，暗暗窥探她生活里的一点一滴。

我希望她能过得好，但我不希望她过得比我好。

我用化妆来提升自己的外在，可她素颜就能艳压一票女生；我母胎单身，可她却拥有一段令人羡慕的甜蜜的爱情；我是个英语哑巴，可她却通过自学讲着一口地道的美式英语。

和她对比，我就像一个跳梁小丑一样。我讨厌那个完美的她，可是我更讨厌那个阴暗丑陋的自己。

我开始反思，我为什么会变成这样？

在面对理想中优异出色的“我”和现实中普通平凡的“我”之间的落差时，被“成功学”裹挟的我们，变得更加浮躁不安。

把别人的成绩看作世界有失正义的偏爱与误判，用“幸运”轻描淡写地概括了别人的努力。

其实哪有什么“她处处不如我”，只不过是她得到了我想要得到却没有得到的东西。

3.

“哈哈哈，我拿到了国家奖学金！”

当她开心地告诉我这个好消息的时候，我好像没有想象中的难过和不甘，相反，我为她感到开心。

她兴奋地对我说：“我终于赶上你的脚步，你那么优秀，我当然也要和你齐头并进啦！说实话，以前还挺羡慕你的，表达能力强文笔好，社交能力还那么出色，这次我拿奖，扳回一局了！”

我短暂地愣了几秒，她的话让我忽然意识到：在无数个我悄悄嫉妒她的日子里，我把她的优点无限倍放大了。

原来，我们身上都有让对方嫉妒的地方，我们都曾因为彼此的优秀感到过不安。

因为嫉妒，我将她变得过于“理想化”，选择性忽略她的缺点，并且苛责自己的所有。

她没有我想象中那么遥不可及，我也没有自己眼中那么的一文不值。嫉妒蒙住了我的双眼，让我忘了其实原本我也会闪闪发光的啊！

4.

我有时会想，这世界上真的存在那种真心希望“只要你过得比我好”的友情吗？

真的存在那种，看着亲密的朋友一步步走向更好的生活，还能心平气和留在原地祝福的人吗？

或许对于更多普通人而言，重要的并不是如何逼自己假装什么都不在意，而是大大方方地承认“你很优秀，我有一点嫉妒你”。

是啊，我嫉妒你，但对你的嫉妒，也是我不断进步的原因之一啊！

高考我考了高三阶段所有考试中最高的616分，但如果不是因为你不断进步的名次，我可能早就放弃物理了。

四级我考了625分，还不是因为比我早考一年的你考了630+，不然，懒惰的我就准备裸考了。

本来打算在大学里摸鱼划水度过，可那么优秀的你不断鞭策着我，我也把自己的大学生活过得有滋有味的。

我希望，你过得好，但我也不太差，也正在向上爬，不需要你放慢脚步来等我。

所以，我会在无数个想要放弃、想要认命、想要破罐子破摔、对自己说“要不就摆烂吧”的时候，由于“优秀的你”的存在，我不允许自己向现实投降。

最好的友谊或许就是“你真的很好，但我也不赖”。

所以，我们的人生都会不断闪闪发光的。

摘自公众号『年少有风过』

这个世界上，不是只有爱情是人间值得

✽云　星

微弱的光亮照进房间里，窗外是雨水滴落的声音，和着清脆的鸟鸣，这是极适合与世界隔离的日子。

窝在沙发里，翻一本书，品品清茶，日子好不惬意。可是我心里却有些闷闷不乐，或许是对接下来的工作，或许是琐碎的生活，让人顿时没了兴致。

我又想起她了，也还好有她在，我的心事才有人可说。

朋友？我想所有的词都不足以形容我们之间的亲密，她是我人生中最有幸遇见的人，她是我见过极温柔的人。

不是小家碧玉，宛若黛玉那般，她没那么文静，在朋友面前毫无形象可言，甚至有的时候笑得像个傻子，总是一副大大咧咧，没心没肺的样子。

她是个无论何时何地都会让人暖心的存在，即使是阴雨天，她也像个拥有无限动能的小太阳。

就是这样大大咧咧的她，会在别人休息的时候不自觉放轻脚步，蹑手蹑脚，活像个默剧演员。会分出不多的零花钱给草丛里的流浪猫买些吃的，还一边喂一边诉苦："这可是我一周的零花钱，你们可得吃完啊。"有人说话没被关注而陷入尴尬的时候，她会及时衔接话题。会在得知自己打鼾后满是歉意，每晚熬到最后睡觉，熬出熊猫眼。

她不知道，她像是天降的心软的神，温暖了好些身边人。

学生时期，我的体重总是起起伏伏，在最胖的时候，是没有资格穿裙子的。

有些人表面上挺友好，转过身却毫不客气地议论道："这么胖还穿裙子，丢人现眼……"

我不知所措地愣在原地。

"你很好，但是，请你闭嘴！"她双手叉腰，站在她们面前，完全没有以一敌三的弱势，像个姐姐在为妹妹撑腰似的。她的出现，像是在我心里打上了一束光。谁不喜欢被人撑腰的感觉，我承认，我一度沦陷于她的温柔无法自拔。

好长一段时间，她出现在我眼里的时候是带着光的。我发现，这个世界上，不是只有爱情是人间值得。

时间总是在不知不觉间，跑得飞快。前一天我们还躺在草坪上，数着星星。那时的星星很亮，好像能照得到我们的未来。第二天，我们便踏上了未来的路，各自奔赴。

朋友，就是能看出你的违心话，也能心疼和体谅你的无奈和委屈。我们不再常联系，但是重要的人生结点彼此都有参与。

她是唯一一个能坦然拆穿我"我很好""没事的"背后心事的人，在那段我把自己关进房间里，亮着灯也觉得压抑的日子，她每天不厌其烦地给我鼓励。

有些人不用出现在身边，你单是想着她的心和你在一起，就能给你很大力量。因为有她在，我从不为在虚伪的生活里找不到一个真心的朋友而纠结。

无论何时何地，跟谁提起，她都是我的底气。

我知道什么时候她只是需要一个聆听者，来诉一诉生活的不甘。她知道在我在喜欢和现实之间无法抉择的时候鼓励我："心里有选择的话，坚定就好了。"

我看过她的第一封情书，笑话她的肉麻情话。她的手机里也永远保存着我笑掉大牙的丑照，随时准备出击……在她面前，我可以毫不掩饰地展示自己的不堪与尴尬，从不怕她离开，这是恋人之间也未曾有过的安全感。

我不怕有一天我们会分开，人生多的是相遇和分离。单是遇见她，就已经足够让我感激。

我只希望终有一天，当我们经历许多，青涩不再时，对生活依然热情，温柔，浪漫。

胖女孩

拾杦

1

胖女孩患上了社交恐惧症。

胖女孩原本不姓胖，但除了她本人，没有多少人认真叫她的名字，因为体形的臃肿和走路姿势的别扭，从小到大她都被人用翘舌的音调唤着“小胖”。

“小胖。”“小胖。”

这个似乎亲昵可爱的名字跳跃在形形色色的人的唇间，轻柔似水地裹住了胖女孩的整个青春。

胖女孩很不喜欢这个名字，她也想过制止别人继续叫她这个名字。

于是胖女孩欲言又止地盯着她的父母、同学、朋友、老师。

好想说。

真的好想说。

可她到最后也只是捏紧了衣角，然后抿着唇扬起来了一个大咧咧的笑。就和所有人印象里的那样，她就是那个永远不会生气的“小胖”。

“我不在乎的哦，这个称呼多可爱。”她笑着说道，脸上的肉挤作一团，有些滑稽，“我本来就胖嘛，没关系的。”

2

胖女孩害怕夏天。真的很怕。

她讨厌别的女孩子在灿烂的阳光下翻飞着飘飘的衣裙，讨厌别人可以毫不害怕地穿上她心心念念许久也不敢试穿的短裤，讨厌别人的青春都那么美好，而她只能穿着最大尺码的衣裤，大腿内侧一堆堆肉被别扭地磨烂变得通红，搽药时会疼得她啪嗒啪嗒地掉眼泪。

好痛啊。她举着涂满炉甘石洗剂的棉签，看着磨出血的大腿内侧被涂上一层粉白的液，腥烂的腐肉被浑浊的石灰盖住。

真的好疼。

胖女孩盯着那打着战的肉，麻木地注视着那一层层畸形的肥胖纹，在她的视线内，那蜿蜒的脉络会绘成人们窃窃私语的脸。他们在笑，在笑她蹒跚着小心翼翼走路的身影，在笑她臃肿庞大的身躯，在笑她的胖。

好想用刀把自己的肉割掉一半，要是把肉都割掉一半就好了。

为什么会这么胖呢？

3

胖女孩没有喜欢的人。

她只会默默地蜷缩着自己，打招呼时会不自觉地缩紧自己的肚子，尽量控制自己不做较累的运动，从而不让衣衫被黏腻的汗水浸湿。

胖女孩也想过和其他女孩子一样，她也想要穿上那些每一个女孩子都向往的衣裙，在有风的湛蓝天穹下随心地扬起那片翅膀。

她悄悄在心里植下了名为“公主”的梦。

所以胖女孩也曾在路过服装店衣橱里的那些公主裙的时候，痴痴地指着那些不属于她的裙子，轻拉起母亲的手。

她讨厌一成不变的衬衫和宽松的运动裤，她也曾想要能够摆起波纹的翅膀，轻盈的，透明的，能在阳光下折射出童年所有颜色的翅膀。

可是儿时的她没有获得童年的翅膀，她怔怔地被母亲指着责怪说：“你看看别人家的女孩子，你再看看你。”

“别人家的女孩子穿裙子多漂亮，你再看看你穿裙子的样子，你看看你的那两条腿和你的腰围，你好意思穿吗？”

“我都替你害臊。”

“我看你以后肯定嫁不出去。”母亲捏起胖女孩的赘肉，蹙起眉说道，“胖死了。”

“怎么就吃这么多，也不知道注意一点。”

“我家养了头猪。”

这个世界上没有名字叫“小胖”的公主，也没有王子愿意在意一个连裙子都不配拥有的小女孩。

她的公主梦透明地碎了。

一节一节散在阳光下，泠泠地残响。

4

胖女孩讨厌自己身上的肉。

她节食，控制自己的食量，坚决不吃油腻食品，不喝奶茶饮料，她每天晚上放学后偷偷跑去空无一人的操场狂奔，她哭着拍打自己，然后哭着祈求汗水混合着泪水能够带走附在她身上名为“胖”的词。

“小胖。”“小胖。”

可她甩不掉。她甩不掉的。

无论是那堆肉，还是这个捆绑着的名字，她都甩不掉。

她很努力地在学习。

可是哪怕她背呀背呀，学习成绩一直都卡在不上不下的位置，学习的时候她总觉得她的脑袋里有一个混沌的窟窿,里面盛满了名为“自卑”的惶然胆怯。

不受老师喜欢，也不引同学注目，上课回答问题会不自觉抖，被人叫住会紧张。

我就是这么一个糟糕的人呀。胖女孩想。

没有什么特别想要得到的，也没有什么特别在乎的。没有特别喜欢的季节，也没有特别喜欢的人。

5

胖女孩一直这样成长到了十七岁，少女们最烂漫青涩的年纪。

学校在那一年举办了一场规模很大的学生演讲。

胖女孩没有其他的特长，但文笔是极好的。

她热爱跳跃在白纸上的字，文字的世界是滚烫而炽热的，那里面有她扬起的梦，酸酸甜甜泡在一张小小的纸里，恍若一个扁平的世界，悄然苏醒了她沉睡的灵魂。

文字是一片一直延伸下去窥不见尽头的平面，安放了她久不得居的所有枝芽。

那次演讲征集活动，班级要求所有同学都上交一份自己写的演讲稿，胖女孩花了整整三天时间细细写出的演讲稿被评选老师一眼相中，能够代表班级直接参加决赛。

胖女孩得到消息后呆呆站在原地，才冒出没有三秒的欣喜被巨大的惶恐淹没。她茫然地看着人群，咬紧了牙。

“好。”她到底没能憋出一个拒绝的字眼，对着前来通知消息的学生会成员说道。

演讲是在七天后，在这之前，胖女孩每晚都把自己关在房间里一遍遍地重复朗读那篇演讲稿，她将每一句都吞下烂熟在肚子里，费力地对着空气想象着演讲场面下的人群，再哆哆嗦嗦吐出那些字眼。

她每晚都在对着自己开枪。

月光在那几天冷得像腊月凌霜的梅，盛放着，又被人忽视着，它独自绽放。

然而就在演讲开始前四天，班主任悄悄找到了她。

班主任对胖女孩温和地笑了笑，轻柔地说："我知道你的演讲稿写得很棒，进入决赛了。"

胖女孩捏紧衣角，手心发汗，嗫嚅着："嗯……"

"这几天准备得怎么样？"班主任笑望着她的脸，"觉得自己可以吗？"

她张了张嘴，像是想说她已经能够将那篇文章背得滚瓜烂熟了，可又哆嗦了下嘴唇，手指绞着被汗水浸湿的宽大衬衣，最终颤颤吐出："我……"

她想说我可以的。

可班主任随即弯了弯眉："这么紧张？这可是代表整个班级的演讲哦。"

胖女孩的后背湿透了，脸颊滑落一滴汗，她呆呆地卡住了。

是呀，代表全班的演讲呢。

她望了望自己臃肿的身躯，又望了望超大尺码的衬衫和肥大的运动裤，突然觉得很绝望。她绝望于自己的胆小和肥胖。

"我前几天好好想了想。"班主任继续轻轻说道，"你没有经验，现在都还没有把握的话，要不这次就让其他同学去读你的那篇演讲稿？"

"不要觉得难过，老师知道你很棒。"班主任递给胖女孩一张纸，"老师没有偏心，只是觉得你没这方面的经验，看起来你好像很紧张，也不太想参加，这次时间太紧了，就交给以往有经验的同学，等到下一次演讲，老师再让你去参加，好吗？"

"这次演讲对于班级来说还是很重要的，要展示出各个班级的形象风采，你要是去参加了，班上同学可能也会有一点意见。到时候大家都不高兴。"

"更何况老师看你还有点不是很想参加的意思，对吧？"

"我给你说这些，希望你不要有压力。"班主任拍拍胖女孩的肩，"只是希望你好好想想，如果你执意去参加也可以的。"

"我……"胖女孩茫然地开口，"我没有……"

我没有不想参加，我也有好好准备。

我每天晚上都反反复复读了很多遍，我已经能够一字不漏背下来。

我已经好不容易堆砌起勇气了。

"老师知道你一直是个好孩子。"班主任的眉头舒展开来，吐了一口气，"既然你也说没有想去参加，那就交给其他同学吧。你也想看见你写的文章被好好地念出来大家都鼓掌的场面吧。"

"对吧？"是温柔如刀的笑声。

蜡梅悄无声息地被雪压垮了，颤颤巍巍露不出光秃的残叶。最后一声枪响混着被云掩住的月光泯灭在十七岁的眉梢。

那时的她知道，不是所有的人都能坦然面对命运的，勇气堆砌后轰然塌陷的痛苦，就足以使一个人丧失再次面对的信心。就连那文字，也变得略微生涩起来，生了锈。

6

在高考前一个月，胖女孩遇见了阿芸。

阿芸拥有胖女孩没有拥有过的所有东西，漂亮的脸蛋，匀称有致的身材，优异的成绩，各种各样的衣裙，和庞大的朋友圈。

如果把人分为一柄秤，那么胖女孩和阿芸肯定处于绝对对立的两端。

胖女孩已经忘记阿芸是怎么成为她的第一个朋友这件事了。

她只记得在那些溺于题海熬不到头的日子里，阿芸会拉起她的手，在最后一节晚自习下课后狂奔在学校偌大的操场上，对着学校那个时候唯一亮着的操场指示灯大吼："啊——我要上大学——啊啊啊——读不下去了——我要玩手机——看小说——啊啊啊——"

很幼稚的行为，然而阿芸每天晚上都乐在其中。

两个女孩常常在空无一人的操场肆无忌惮地奔跑着，夏风烈烈，刮得她们的脸生疼，阿芸会在操场的外沿挨着胖女孩坐着，操场外面是鸣着笛的车群，路灯将公路铺成一条会流动的河，荧荧的光源汇在一起不知会流到哪里。

阿芸望着灯火通明的人间，指着对面那栋永远亮着灯的大楼，对胖女孩说："你看那栋楼，有没有觉得有哪里不一样？"

胖女孩顺着她的视线："嗯？"

阿芸夸张地抱住她，对着空气比画着："做人要自信，就像我，有时候看着那栋楼，要相信那是为你而亮！"

胖女孩"噗"笑了一声，推搡着阿芸，觉得离谱："有病啊！自恋鬼。"

她们一起抬起头望着天，那上面有着零落的微星，阿芸白皙的手撑着下巴眯起眼望着胖女孩，没来由地开口："你觉得星星遥远吗，陈陨。"

阿芸叫她陈陨。

胖女孩愣住了。

这是她的名字。本名。只是"小胖"被叫久了，连自己的本名被人叫起都会觉得陌生。

胖女孩急急地低下头，手指又捏起衣角来。

"我不知道。"胖女孩双眼茫然，"它遥不遥远和我也没什么关系吧……你干吗问这个。"

阿芸嘟起嘴："你别觉得这个话题伤感啊。我不矫情。"

"我是认真问你的。"阿芸盯着胖女孩的脸，"陈陨，你知道你不快乐。"

"我常常望着这下面流动的车，想象这就是我们的星空。"阿芸笑起来，撑开手臂，"不是天上的那个星空，这个是我们自己的星空，我不追求什么月亮，我只想去我想去的地方，痛痛快快地活着。"

"你不快乐。"阿芸说，"陈陨，我知道你不喜欢什么，你不喜欢别人叫你小胖，你不喜欢你自己，你也不喜欢这个世界，对吗？"

阿芸笑起来，脸上显出两个可爱的酒窝，她揪了揪胖女孩的脸："傻子，你不喜欢什么就直接说出来啊，别憋着。对她们说不出来，对我还不能吗？我是你的朋友。"

"你要学会正视所有事物。"她说。

"星星遥远吗，陈陨。"阿芸轻声道，"我告诉你，它一点都不遥远，你去过的所有地方，都可能是一颗曾经挂在这天空上面的星星。你的心也可以。"

阿芸牵起胖女孩的手，拉着她又在操场里跑起来，一圈又一圈，在她们都跑不动的时候，阿芸再次爬上了操场的外沿，微风扬起了她的裙子。

阿芸笑着大声对着胖女孩说："你快来看——"

胖女孩顺着阿芸的方向望去，那依旧是一条流动的车海，昏黄的路灯下轰鸣依旧，喧闹又寂静。

阿芸大笑着搂着她，在耳畔柔声道："你看，多漂亮。"

"陈陨，你要相信你就是你。不必害怕任何指手画脚的人。"

"难过时就在这里看看，那是属于你的星空。在这里，你能够飞向你想去的任何地方。"

"你再看，多漂亮啊，这个世界。"

7

高考后，胖女孩再也没有见到阿芸。

她一个人去往远方的大学，选择了父母不支持的中文系。

胖女孩有时依旧在想，没了阿芸，她还是一个朋友都没有。

她依旧很自卑，很胆怯，很懦弱。

但是她能够说出那句"我不喜欢小胖这个名字，请你们别这么叫我"了。

至少她不是"小胖"了。她有些高兴地想。

她可以是陈陨，不是那个永远捏着衣角的"小胖"。

在大学的期间，胖女孩和室友相处得很好。

她依旧因为胖而烦恼，每天都会沿着学校跑上几公里，也仍旧会举着炉甘石洗剂忍着痛搽药，但再也没有哭过。

名为"胖"的生长痛给予胖女孩青春记忆里最灰暗的经历，等到她成熟后，余疼未褪，但至少能够正面去面对了。

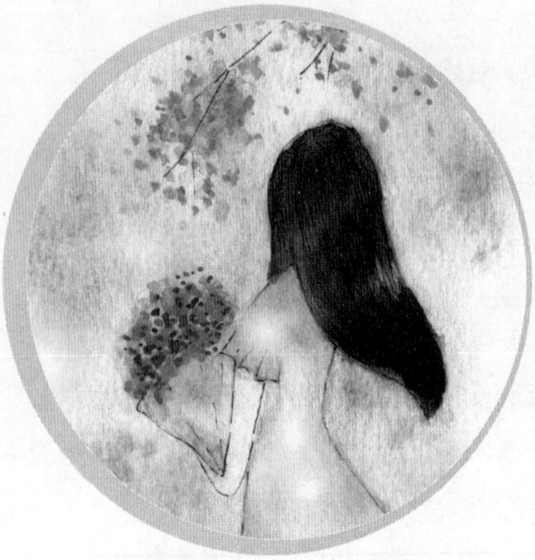

亲爱的丽丽姑娘

✽陆清时

每次遇到名字叫丽的女孩，我都会深觉她们的父母在取名这件事上从没有动过脑筋，由此可见这个女孩生来就不受重视，好像就此被打上了平凡的标签一样。

很久以前在认识陈丽的时候，我就是这么想的。

我们从小一起长大。陈丽在学业上毫无天分，和我隔着一条走道坐着，支着脑袋昏睡，永远睡不醒的样子。

高中总开那种要命的家长会，陈丽和她妈妈坐在角落里，两人支着头像要睡觉的样子。我妈嘲笑她们：“有其母必有其女啊。”

我没有说什么，但是心里的嘲笑肯定是有的。

因为走得近，班主任总让我帮陈丽补课，好像不让她拖班级后腿是我的义务一样。

有时候对她讲数学题，看她心不在焉的样子就忍不住来气：“你整天到底在想什么呀？十八年只要你做读书这件事你都做不好。”我一生气她就跑到楼下小超市买柠檬奶茶、妙芙蛋糕哄我。

陈丽的零用钱总是比我多，她做好多副业，比如代借漫画书、代买电影票、代送鲜花。陈丽为这些小本生意忙得不亦乐乎，拿个小账本在我面前算得格外顺溜，还自己发明了一种类似复式记账的记账方法。所以，其实从小陈丽就是个格外有经济头脑的姑娘。

成长总会经历些不可预料的意外，我们无可避免地要去面对。而那时候，陈丽表现得异常坚强，这让我在内心有着暗暗的敬佩。当然我总是那么要面子，说不出任何安慰和佩服的话语。

她开出租车的爸爸在高二那年得肺癌拖了半年去世，她拉着我在小区门口呆坐了两个小时就转头对我说：“我好了。谢谢你陪我。”

后来我觉得，可能陈丽就是在那个晚上长大的，她把所有的悲伤、对生活的恐惧、对未来的不安都凝结到了一起，转化为对赚钱的热爱。

邻班有两个女生吃着陈丽大热天跑腿买来的可爱多，还嘲笑她：“你说那个陈丽是不是想赚钱想疯了。”

那一瞬，我有点心疼陈丽。

当我们坐公交或者打的四处闲逛的时候，陈丽因为给快餐店送外卖而对这个城市的道路已经了如指掌。

有几次我问她：“累不累？”

她笑了笑，擦擦汗，然后转身就开始忙碌。她从不抱怨，因为陈丽说抱怨一点帮助都没有。

高考结束后，陈丽和我都考到了苏州的大学。我学音乐，她念大专的会计专业。

她时不时会来看我，要我带她去我们学校的食堂吃饭。食堂的饭菜明明那么难吃，她却吃得津津有味。

我明白，她羡慕这所大学里的每一个学生。四年的时间里，我忙着谈恋爱，陈丽忙着赚钱。她从一开始的做家教、发传单到之后办兼职中介、健身教室。

四年的时间，我无所事事地度过了，陈丽却成为开店的老板，经营生意头头是道。

因为在学校毫无建树，我的毕业履历看起来苍白无力。陈丽鼓励我再怎样也要画上浓墨重彩的一笔。

陈丽用她那三寸不烂之舌说动了某某妇产科医院，给了我一场个人小提琴独奏会的赞助。

我有些不乐意——谁愿意挂名一家妇产科医院啊？想一想就觉得丢人。

陈丽看着我只说了一句话：“尊严都是自己挣的，那种被别人一议论就被踩到脚底的自尊不值钱。”

那场看起来有些滑稽可笑的小提琴独奏会为我的大学生涯画上了圆满的句号。掌声响起来的时候，我看向观众席的陈丽。她捧着一束鲜花，笑容真诚而欣慰，好像是我替她完成了什么一样。

我忽然想起我们年少时的那张合影，还是在大院子里，并肩站在葡萄架下，穿着新发的蓝裙子校服，一个笑着，一个皱着眉。照片因为有些曝光过度而显得天光格外亮，格外明媚。

我这样望着陈丽，突然想流泪。那是亲爱的丽丽姑娘。

你能飞翔，是因为有人温柔守望

✻小意达的花

没有对比，就没有伤害

人们常用“情同姐妹”来形容女人之间的美好感情，讽刺的是，我和徐莹这对亲姐妹的感情却一点儿也不好。徐莹从小乖巧听话，是人见人爱的“小淑女”；而我从小淘气顽皮，是人见人躲的“假小子”。我和男生们一起玩弹弓、掏鸟窝的时候，徐莹都已经会做几道拿手菜了。

徐莹对我的伤害比“别人家的孩子”更大，因为我俩同住在一个屋檐下，父母可以时时刻刻拿我俩比较。于是，在徐莹的衬托下，我越发显得离经叛道，在父母心中的地位每况愈下。因为家里不太宽裕，徐莹又大我两岁，所以，我小时候的衣服大多是徐莹穿过的旧衣服。只有鞋子，父母大概觉得不耐磨，每次给徐莹买一双，也会给我买一双。这份微不足道的“平等待遇”，多少抚平了一些我心中的不满。

直到小学四年级运动会的前一晚，我发现徐莹穿了一双全新的白色球鞋而自己却没有时，我才明白，我和徐莹从父母那里分到的爱，到底是不一样的。那天晚上，在大家都睡着以后，我不仅用剪刀把徐莹的白球鞋剪了个稀巴烂，还扔在地上狠狠地踩了几脚。

第二天，父母将我狠狠地训斥了一顿，要求我向徐莹道歉。倔强的我白了一眼双眼通红的徐莹，没有说出一个字。从未对我们姐妹动过半根指头的母亲，为此第一次打了我。那一刻，我将所有的不满和屈辱统统都记到了徐莹的头上。

有的姐妹，还不如陌生人

16岁那年，情窦初开的我，喜欢上了徐莹的同桌罗明。我不再排斥跟徐莹一起上学放学。冬日里，每天放学，她都从教室里急匆匆地跑出来，摘下自己的围巾和手套给我戴上，而我却心不在焉地搜寻着人群里那个高大熟悉的身影。

我开始有意无意地向徐莹打听罗明的情况，知道他不仅人长得帅，还是货真价实的学霸。“你说，天底下怎么会有这么优秀的人啊。”我坐在徐莹的床上，喃喃地说道。徐莹转过身，一脸认真地对我说：“徐瑶，我劝你，不要喜欢罗明。”

我跳下徐莹的床，大声地说：“我为什么不能喜欢他？”“我只是觉得喜欢他的女孩太多了，而且他似乎不懂得拒绝。”徐莹说。这盆冷水，并没有浇灭我对罗明狂热的单恋，反而从某种程度上刺激了我的好胜心。于是，我给罗明写了一封情意绵绵的情书。

第二天，我拜托徐莹把情书交给罗明。徐莹犹豫了好一阵子，还是把情书放进了书包里。没想到，这封情书落在教导主任的手里。我被当作反面典型，在全校师生大会上做检讨。父亲被老师叫到学校谈话，气得青筋暴起，回到家就给了我几个响亮的耳刮子。当晚，我被关进小黑屋里面壁思过，不许吃饭。

深夜，徐莹偷偷给我端来了热气腾腾的饭菜。她期期艾艾地解释：“那封情书，不是我交给教导主任的，我真不知道是怎么回事，罗明说他也没交……”可多年的积怨让我认定是徐莹出卖了我，从那以后，我和她彻底决裂了。

一个渣男，让我知道了什么是姐妹

工作后，我在北京邂逅了罗明。罗明向我郑重道歉，我才知道，当年徐莹信守承诺，悄悄把情书交给了他。那天课间，几个男生喊他打球，他随手把情书夹在课本里。没想到，这一幕竟然被一个暗恋他的女生看到。她找出情书交给了班主任，班主任又交给了教导主任……

得知真相后，我对徐莹有了几分愧疚，但还是没有勇气对她说声对不起。命运兜兜转转，我和罗明终于相爱了。一年后，我觉得是时候结婚了。但刚提出结婚，罗明却突然说：“瑶瑶，我们分手吧。”听到这句话，我如同五雷轰顶。

坐在北京的马路牙子上，我从兜里摸出手机，脑海里想到的第一个人，居然是徐莹。我拨通她的电话，喊了一声“姐”，眼泪就如决堤的洪水，倾泻而下。第二天，徐莹就请了长假，从老家风尘仆仆地赶到北京。她悉心地照顾我的饮食起居，陪我度过了那段最难熬的时光。

晚上，我俩睡在被窝里，第一次像普通姐妹一样聊天。我才知道，当年徐莹被选为学校运动会的主持人，所以向表姐借了一双白球鞋。球鞋被我大卸八块后，父母只得买了一双新球鞋赔给表姐。我才知道，我当年被“批斗”后，她直到毕业都没和罗明说一句话，谁劝都不行。我才知道，就在她高考前夕，父亲突发心脏病。本来成绩优异的徐莹决定留在父母身边，因此报考了老家的师范大学，放弃了她的诗和远方。

我很难受：“这么大的事，你们为什么不告诉我呢？”徐莹侧过身，摸摸我的头：“我是姐姐，家里的事由我操心就够了。告诉你，也不过是多了一个人担心。”我不由得鼻头一酸，拉起徐莹略微粗糙的手，说：“姐，这些年，辛苦你了……”

徐莹笑着说：“姐跟你不一样，你从小就喜欢闯，可姐喜欢安定的生活。你喜欢闯就去闯吧，家里有我呢。”我把头深深地埋进枕头里，眼泪浸湿了枕套。

这世上，有些人之所以能够飞翔，是因为有人在为她温柔守望。

牵手与放下，皆是温暖

✲瓜瓜

—❶—

我成长的轨迹，是由一幅幅牵手与放下的画面拼合而成的。

我牵手的记忆，始于过马路。最初学会走路的孩子，是没有勇气一个人过马路的。那时我的世界还很小，除了家之外，就是幼儿园、游乐场和爷爷奶奶家。这些所有的坐标点都集中在一个小镇，我在这些点之间穿行只需要过两次马路，而且是坐在母亲自行车后座上，任风景从身边流过。

我读六年级的时候，镇上的几所小学合并成了一所学校，校址刚好在离家稍远的马路旁边。和同学们一起排路队回家，虽然只有短短的一年，却是我童年独特而美好的回忆。排路队的时候同学之间是不准说话的，同一排的同学相互牵着手，到路口就听从老师的指挥，齐步向前穿过马路。

自从离开了幼儿园，除了文艺汇演，同学之间很少有牵手的机会。到了中学，只放半天假的时候，是父亲开着摩托车来接我，父母的放手转变成了另一种形式的关怀。放双休自己回家，在去公交车站的路途中，偶尔也会和同学相互牵手，两人一起提笨重的棉被或者是行李箱。5路公交车是出了名的拥挤，途中停靠站点也很多。有时毫无预料的刹车，也会让抓住扶手的人差点摔倒。双休回家的时候，不少人拎着很多东西，刹车的时候，行李摇晃也会影响自己和身边的人。每当我在乘车时身体就要失去平衡的时候，身边总会有同学伸出手来，拉我一把。归途时而独自一人，时而与同学一起，两种不同的画面在我的整个学生时代相互交错。

我原以为，放手是成熟的标志，长大了就可以独自承担一切。但无法否认的是，即使长大了，有些路还是需要一群人一起走。长长的路队，比起一个孩子，更容易让远处的司机在没有红绿灯的情况下发现，然后及时将车停下来；在校门口到公交车站长长的坡道上，只有两个人，才能将笨重的棉被轻松提起。

或许，牵手有时也是成长的另一种形式。曾经和父母一起过马路的我，是被关心的对象，而和同学一起回家、返校途中的我，在牵手的时候既接受了他人的关心，也同样关心了他人。我迈出了学会付出的重要一步。

—❷—

我万万没想到的是，成年之后，许多人又再次牵起了我的手。

20岁，我生了病，一年后进行了造血干细胞移植手术，排斥反应接踵而至。

首先便是眼角膜严重溃疡。损伤的角膜就像磨损的玻璃一样，它将我的世界变得白茫茫一片，时不时还浮现模糊的影子。我的眼睛因为剧痛，不得不眯成一条缝。

下楼梯和出门是一项浩大工程。父母为了不让我碰到障碍物，总是牵着我的手，告诉我前面是楼梯或者有石块。时光仿佛倒流了十多年，那个小女孩牵着身边的人的手又放开，在这一份份温暖的支持下，摇摇晃晃地向前走，不再害怕。

几个月后，父母不再牵着我的手，他们站在我的身后，像会说话的红绿灯一样，遇到障碍物就提醒我。我听到提示后马上停下，然后小心翼翼地用脚试探，知道障碍物的大小和高度后，再踏上去。眼睛出问题的那几年，我没有摔倒过。

排斥反应加剧，波及皮肤和肺部。很多人没有牵我的手，是因为我脱皮很厉害，最严重的时候，手掌和脚掌干裂的皮肤活活地掀了起来。我因为气喘走路也变得困难起来，但是我一直都是以我自己的力量向前走着，没有人牵着我。

但是，父母的放下，是另一种关怀。他们没有牵着我，而是在我最后几乎无法行走、躺着都呼吸困难的时候，轮流背着瘦得不足30公斤的我下楼梯，穿过路口，再把我放上出租车。

═❸═

就在这时，我的朋友再次向我伸出了双手，令我印象最深刻的是我四年前暑假在家乡住院的那一次。

有位同学到医院来看我，我主要是听他讲述他的实习经历以消解我对未来工作生活的迷茫。他说的话很少，表情时而凝重时而轻松，然后，突然说了一句：

“想哭就哭吧。”他的两只手掌轻轻包住我的手，生怕把我瘦得几乎只剩骨头的手给碰碎了。他为什么会说出这种莫名其妙的话呢？过了一会儿，我猛然想起我眼角膜康复后期还需要滴眼药水，便解释了一番。

他大概陪了我一小时就离开了。他走后，父亲说：“你那位同学感情真丰富啊。”

我不禁纳闷，这位同学平时都不轻易将喜怒写在脸上，又怎么会给我的父亲留下这样的印象？

“他刚才在病房门口哭得很厉害。在我面前根本没办法克制自己。”父亲如是说。

终于明白，在那一个小时里，那位同学用了多大的力量来克制自己的难过，将祝福通过牵手传达给了我。我没有意识到的是，那一次牵手也是我又一次成长的开始。

═❹═

这之后的很长时间，同学们都因为忙于工作和学业而渐行渐远。我虽然仍被病痛包围着，走路也相当困难，但确实在好起来。由于体力所限，我无法让自己的世界变得更大，我开始感到孤独和焦虑。我会因为别人不回我的短信，而怀疑我是不是被周围的人讨厌了。他们说看到我的信息不知道回什么，而我总以为那是敷衍我。直到有一天，我收到了一封信。

“很抱歉没有亲自去看过你。不是因为忙，其实是因为自己太弱小而不敢面对你。害怕见到你会忍不住难过而无法带给你正能量。一直想给你制造点什么感动，可最终是你感动了我。我最喜欢你的，不是你如何去对抗病魔，而是你那简单的对人对事的态度。感谢你真诚待我。”

临近毕业，为了获取档案信息，我申请了QQ，无意中看到了同学QQ空间里多年前的日记，那上边也写着类似的话。很多人像那位曾经来看望我的同学一样，当着我的面，一直忍住没有哭，背后却怎么也止不住眼泪。因为看到了我不愿意向命运屈服的样子，她们也不会输给我、在我面前哭泣着示弱。

═❺═

一直觉得多年来，那么多人牵过我的手又放下，被帮助的、应当道谢的人是我。在无形中，我的力量也通过牵手传达给了他人。有了这种力量，她们也能安然地面对我和我所经历的事。从接受温暖，到传递温暖，我也长大了。

曾经有位患脑瘤的孩子，她的父母很心疼她：“我们做父母的多愿意替她疼啊。”但是，我的父母却对我说：“父母爱你，但是我们不欠你什么。所以你一定要努力！”她是一个孩子，而我是一个成年人，我拥有的是理智与稳重。面对父母的放手，我心存感激。

经过多年的训练，我已经能够每天行走近千步。我靠着自己的能力越走越远的时候，我知道，当年他们的放手是对的。

“遇到再大的困难也不会害怕，因为有你在。”我收到了很多类似的短信。

我知道我们长大了，都有各自的路要走，不可能一辈子牵手，无需怀疑距离让我们的感情变淡，亲人和朋友都是如此。

我只需要，在父母渐渐老去、步履蹒跚之时，或者是他人需要我的时候伸出手去，在他们要一个人走时学会放手。因为牵手与放下，皆是温暖。

有空爱自己，别人都很忙

便利贴女孩终于撕下标签

✻金箍棒

1 那时年纪小

小思与小敏是两个完全不同的女孩。

在大卫的办公室见到她们时，我从直觉上喜欢小思。

小思相貌乖巧可爱，像个刚出校门的学生，难能可贵的是她温柔体贴。看到我穿了很高的高跟鞋，特意搬了张软椅给我，说穿高跟鞋走路一定累了。

小敏在旁边笑笑，事不关己的样子，虽然礼貌上挑不出问题来，却给人一种距离感。

谈话到一半，大卫出去接电话，小敏懂事地伸手将虚掩的门关上了。

这个保护上司隐私的细节，挺让我感动的，然而在分配任务的时候，我却发现，大卫将更重要的任务给了小敏。

两个女孩走后，我问大卫，是不是小敏的业务能力更强。

大卫摇摇头，说也不明显，但终归是小敏显得成熟稳重，交给她更加放心。何况她在公司没什么朋友，总能心无旁骛地完成工作。

小思聪明，但发挥不稳定，容易出状况，她工作做得好不好，并不取决于她自己，而要看那一天是不是有很多同事找她帮忙，甚至一大清早就约了晚上的饭局。

因为要帮大卫的公司写一个宣传片的剧本，我大约有半年时间经常待在那儿。

有几天，恰巧是在小思与小敏的办公室。

小思真的很忙。

“小思，带茶包了吗，给我一个。”

“小思，你是不是要去财务部，帮我递份报表过去。”

“小思，快来看看，我的电脑黑屏了。”

每个人都喜欢小思，就像我喜欢她一样，她不仅热心，而且全能，有什么小事找她帮忙，必能顺利解决。

临近中午，大家说不想吃食堂的饭了，小思连忙拿出手机，搜索到一家好评率很高的外卖店，午饭大家都吃得非常满意，夸小思能干。

有一次，小思请假两天，同事们纷纷念叨她，觉得没有她真不习惯。

相反，小敏的存在感要低很多。她几乎一天都不怎么说话，大家说点外卖，她说好啊。

吃完之后，一定要小思问她“你觉得好吃吗”，她才说“很好吃，我喜欢”。

然而可以看出，小思特别在意她的表扬。

其他人也是如此，大约因为她的话实在太少，所以每一句话都显得重要。

② 总要分道扬镳

小思在人际关系上花费了太多精力，用在工作上的时间自然就少了。

起初她还可以兼顾，因为大家都刚来不久，难题有老员工挡着，凭着一点聪明劲儿，就可以把工作完成得不错，加上她人好，大家都喜欢，上上下下一派和谐。

然而几年过去，大家慢慢习惯了小思的好，她也由新员工变成了老员工，工作任务越来越繁重。

她必须在工作上花费更多的精力，加上前几年疏于充电，她的工作才能消耗得多，补充得少，像小学数学水池里一边进水，一边出水的题，她是出得多，进得少，水池渐渐有了干涸的危机。

大卫对小思发过一次脾气，那次公司面临一个大项目，每个人都很忙。

小思工作上刚出了错，转头大卫便听到有人对小思说，帮我拿个茶包。

小思放下手头工作，帮别人找茶包，大卫当时就火了，把小思叫去办公室，劈头就问："你来这里是工作，还是帮别人拿茶包。"

下班的时候，大卫看到小思红着眼睛在加班，又于心不忍。

小思如果不帮别人拿茶包，别人就会特别记在心上。

因为你帮过很多人啊，你就是一个乐于助人的女同事，为什么今天不帮我，一定是对我有意见。

我问大卫，那你觉得在办公室里做一个受欢迎的人，算不算工作能力强。

大卫沉思了一会儿，答道："如果你工作能力很强，这是锦上添花；如果你工作能力不太强，这就是不务正业。"

这句话我琢磨了很长时间，特别替小思感到悲凉。

③ 时光不等人

总公司有一次去国外学习的机会，许多老员工都去过了，恰好小思与小敏都没去过。

大家背着她们讨论这个名额应该给谁，意见竟然出奇一致，决定把名额给小敏。

不知从什么时候开始，小敏在大家眼里成了一个业务能力强的人，虽然其实她能拿在桌面上的业绩并不突出，然而，她在大家眼里就是专业、称职、有能力。

究竟为什么呢？因为她的气场，“我是正确的”“我可以搞定”“我不在乎”。

她不惹事，也不怕事，她身上自带一股优秀员工的气场，“你们不可以小瞧我”的气场。何况高冷的小敏有更充裕的工作时间，更多的培训机会，自然而然她与小思在工作能力方面的差距便拉开了。

小敏去国外培训那次，小思又哭了一场。

她心里一定充满了疑惑：既然大家都说我好，为什么好事轮不到我？其实小思并不客观，很多好事是轮得到她的。

比如经常让她帮忙拿茶包的同事，带两个芒果，一定会分给她；一个大家私底下的聚餐，也多半会叫上小思；小思生病休息了两天，再来上班时，抽屉里面也一定会有零食。

然而这一切，都太像对待一个小学生，或者最多像大学生。

在大家的眼里，小思似乎长不大，所以她无法担当重任，不过呢，工作能力差一点也没关系，反正大家喜欢她。

同事聚餐的时候，当小思借着酒劲，认真地请大家帮助她提高工作能力时，有人说：

“小思，你别逗了，我们都喜欢你。”有人说：“你有可爱的资本，干吗非要拼工作能力？”

每个人都需要被认可，它是人类快乐的源泉。而在办公室里，工作能力被认可是检验真理的唯一标准。

这个道理，小思工作5年后才明白。

4 众口从来难调

那一年，小敏升职了，薪水比小思多了二分之一。

小思没有办法向大家撒娇：“你们都说喜欢我，为什么升职的却是小敏？”

小敏的业务能力有目共睹，她不仅工作很少出错，还是办公室的充电狂人，无论是公派的还是自费的，只要与工作有关的证书，她一个都没有落下。

当然会有人背后说不喜欢她，但若真要挑什么毛病，又说不出来，顶多说一句高冷。

然而这个年代，高冷并不算缺点，何况大卫对于团队精神的理解始终是做好自己的那一份，不拖别人后腿，也别脚下使绊，而这些，小敏都做到了。

她的性格甚至暗暗讨好了大卫，因为天下老板都有一个臭毛病——不喜欢看到员工因为工作之外的事打成一片、其乐融融。

小敏升职后，搬去了自己单独的办公室。

大家吃惊地发现，小思成了第二个小敏。

她上班就闷头做事，下班急匆匆地去上课，同事找她帮忙，她冷着脸说：“不好意思，我太忙了。”

画风变得太快，大家根本接受不了。

于是有人说：“小思是披着羊皮的狼，原来过去对大家好都是假的，她居心叵测，想要向上爬，现在看大家没什么用，就一脚踢开，不理人了。”

也有人说：“她就是那种对同事冷若冰霜，对领导热情似火的人。”

虽然其实谁都没有看到过小思如何对领导热情似火，但因为他们享受过她的热情，知道她有，所以想当然地认为，现在她不把热情用在自己身上，当然就用在了别人身上。

小思与同事们的关系降到了冰点，甚至大卫都对她有意见了，因为以前吃力不讨好的活儿分配不下去的时候，都是小思跳出来揭榜，如今她却低着头，好像根本不知道大卫心里多希望她能站出来，结束自己身为领导的尴尬。

小思什么时候离职的我不知道。

我去另外一个朋友的公司，在电梯里遇到了她，她说自己就在这幢大厦里工作。

电梯门开，她并没有礼让我而是第一个冲出去，边走边回头礼貌地对我说：“工作很忙，下次有机会再见。”

她的高跟鞋将地板踏得咚咚响，她的头发剪短了，看上去比过去成熟干练，望着她的背影，我想她至少做了一个正确的选择，即换一个地方，重新开始。

我将遇到小思的事情告诉了大卫。

他说其实我还挺怀念那个喜欢帮助别人的小姑娘。

我立刻反驳，她已经不是小姑娘了，三十好几的人，在职场上不进则退。

“好吧。可是她的性格那么好，还是有点可惜啊。”

“没有什么可惜的，人终究是要成长。何况你也不能说她现在性格就不好，她只是更加明白人生的重点。人生这么短，精力这么有限，当然只能抓重点，抓不到的放弃也并不可惜，因为成功可以治愈一切，包括性格方面的缺陷，这么说的确有点势利，但没办法啊。”

“也对，乔布斯那么奇葩的性格……”

大卫哈哈哈地笑起来，然后我们举起酒杯，为小思干杯，祝她前程似锦。

我还以为你最好的朋友是我

✲温血动物

那个梦里的手足无措

小时候，曾经在体育课上玩过一种游戏：班里所有的人被随机排序，然后围成一个圈朝着一个方向旋转，老师一声令下，大家要按口令迅速找到愿意与自己抱团的人，落单的人，会受到一定的惩罚。

每次玩那个游戏，我都胆战心惊。

因为那时候在班级里，我虽然有不少关系不错的朋友，但她们几乎都有自己最好的朋友。在慌乱的情形下，我很难相信自己坚定地选择一个人，也能得到对方坚定的回应。

我曾经做过一个梦，梦里我孤零零地站在操场中央，周围是一对对关系亲密的朋友的欢声笑语，而我四处张望，却不知道要往哪里去。我感觉下一秒，自己就要变成气球，被风刮到天上去了。

后来，只要一想起那个梦里手足无措的无助感，我就特别难过。

也是从那个时候开始，我变得格外在意自己在好朋友眼里的排名，特别渴望自己也能被最好的朋友坚定地喜欢和选择。

这份喜欢给对方的压力

在寻求坚定的喜欢这条路上，我走了不少弯路。

那时候，为了增进和某位朋友的友谊，希望成为她最好的朋友，我做了很多努力。

我为了买到她期待已久的限量版海报，跑遍了周边所有的商店，还特地从大人那里学会了绣十字绣，为了在她生日当天送她一副十字绣，我断断续续绣了半年。

我希望这些特别的心意也能交换到她给出的区别于她的其他朋友的特殊待遇。

但这个想法很快就落空了。

有一次，她从外地回来，送给我一罐五彩斑斓的糖果，罐子的表面是她用马克笔写的一句赠语。我为此开心了好久，把那罐糖果放在枕头旁边，舍不得吃，光是看着就觉得特别甜蜜。

后来有一天，我在另外一位和她关系不错的朋友家里，看到了一罐同样的糖果，上面也有她用马克笔留下的字迹。

我突然意识到原来那份我特别珍爱的礼物不是我一个人的专属品，瞬间就觉得特别失望。

于是，我像一只碰到障碍物就敏感收回触角的蜗牛，渐渐收回了对那个朋友特别供应的喜欢，把她重新归回到“普通朋友”的行列。

直到我带着这种心态继续建立新的友谊，积攒了很多次失望以后，我才明白：

当带着渴望得到100分回应的心态对一个人投入100分的喜欢，那么这份喜欢其实会在无形中给对方带来非常大的压力。

过去我以为要想被坚定地喜欢和选择，就必须得到对方专属而特别的偏爱，但后来我发现不是这么回事。

我意识到，当我带着严格的标准去衡量对方投给我的回应，从而去判断自己有没有被对方坚定地喜欢时，我总会失望。

因为我忽视了寻求坚定的喜欢，并不意味着这份喜欢一定要是专属且特别的。就像那罐不只属于我一个人的糖果，虽然它也被送给了其他人，但它同样被寄予了真挚而重要的情感。

我以为我是独特且不可替代的

真正明白这个道理，是在大学时代认识好朋友林鹿之后。

那时候，我和她经常挤在上铺，拉上床帘，猫在里面看恐怖片。看饿了就趿着拖鞋，找两辆共享单车，骑到大学城附近的美食广场，点两碗酸辣粉，埋头嗦起来，吃到需要互相扶持着才能站起来。

这些只属于我们两个人的特殊经历让我们的关系迅速升温。

不得不承认，这种迅速的升温也给我们的关系带来了危机。

我以为我们之间的情感联结是独特且不可替代的，但在得知她面临重大的抉择有比我更优先的倾诉对象时，我陷入了“不被需要”的巨大失落。

当她意识到我的情绪时，并没有急着让我知道我和她的朋友谁更重要，而是提醒我，我的反应可能和恋爱关系中常说的“感情洁癖”有关。

拥有感情洁癖的人在对待友情的时候通常也很难接受自己最好的朋友拥有多个“最好的朋友”的名额。

她告诉我其实很多时候，“最好的朋友”一个人其实无法承载那么多的情绪需求，所以就需要在不同的朋友身上建立不同的情绪需求。

我们在寻求帮助的时候，选择的优先级并不意味着关系的重要性，因为每一位朋友提供给我们的情绪价值都是独特且珍贵的。

所以如果你也有像我一样的敏感时刻的话，那么我也想提醒你：就算不是最佳好友的第一选择，也不要轻易否认自己的独特和珍贵。

姑娘，你不需要一场有毒的爱情

枸杞

1

寒假回母校和本科室友小聚，五个人，三个读研一个工作，剩下一个二战考研。

吃吃喝喝，聊着近况，二战的小A说她这次也悬，吓得我们四个都不敢冷场，安慰过后拼命比惨，累得我多点了两杯柠檬水，最后终于熬到鸟兽群散。

结账的时候，我和小A倚在门口刷微博，她说："你知道吗，我和D分手了。"

当你朋友告诉你她分手了的时候，你会有什么反应？坐下来一同哭泣，告诉她分手快乐？

我当时只想拉着另外几个人在门口点鞭炮庆祝一下。

D和小A是大二时在一起的。

小A家境尚可，长得漂亮，入学理念是找个男朋友，然后回家乡教书。

D是我们院的风云人物，样样出众，在男生不算少的化学学院，他是院长都能叫得出名的那个。

D曾明说，他看上小A漂亮，但他不能容忍小A吊车尾的成绩。

小A被D的光环亮瞎了眼，拼命学习，了解D的爱好领域，跟着他跑竞赛，在学生会里帮忙，哪怕到最后，她都是一个自己出钱出力还没有奖励的编外人员。

那时候我们其余四人一起泡实验室，下中学实习，各自寻摸着适合自己的出路。

问起小A，小A手下还有一打要代男友完成的杂事，自然离不了学校，至于毕业去哪儿，她想想说，D要保送，她就考D的学校吧。

小A成绩后来还不错，而D更是前十大神，在院里吹学霸情侣吹上天。结果保送前夕D在宿舍打牌领了处分，二人一同走进挤独木桥的考研大军行列。

我们对D的厌恶就是那时开始强烈的，同样考研，小A要每天给去图书馆学习的D买好早饭，帮他跑剩下的学生会事务，折腾到下午才有时间坐下来复习。

我问她，值得吗？她想想，我也没什么大愿望，谈个恋爱就好了。

意料之中，D一举考进名校，还是离小A家近一千公里的名校，而小A连线都没有过。D信誓旦旦说二战他要全程陪同照顾小A。

2

为什么分手呢？我问小A。

她轻笑，D在名校并不如意，于是在备考期间天天找小A麻烦，和她吵架，逼得她近乎抑郁，实在忍受不了了，她选择了分手。

我唏嘘不已，还没有说下一句，看着手机的她一下子落下泪来。

手机屏上是D和另一个女孩的亲密照，分手不到三个月，D就有了新欢，而且言语中处处是对那女孩的追捧，丝毫不见奚落小A时候的样子。

小A走出门去，一言不发，冲出去近五十米，才转过身来对我们号啕大哭，我好失败呀，大学四年到最后，我一无所有！

回到家，小A那样痛苦的样子还历历在目，我想，让她最后一无所有的，真的只是恋爱吗？

小A在没有和D在一起时，每日在寝室里刷淘宝，追韩剧，饿了叫外卖，困了就睡觉，难懂的课不听，简单的课翘掉。

我们为了奖学金狠心刷题，而她高数挂了三次，最后老师不堪其扰才给她过掉。

如果没有和D在一起，小A的大学一定会有所成吗？

不会，但至少也不会费尽心力却什么都没有得到。

D的竞赛作品她做的都是整理性任务，核心部分D不让她参与，更不会挂上她的名字。

D留给她的学生会事务大多是帮老师取快递，值一些大家都不愿意值的班，最后她没有人脉，也没有加分。

D泡图书馆时她占座取快递，买饭买水，有时候D连句谢谢都没有。

她如果稍微努力那么一点，甚至只要不全为D服务，我们四个的竞赛她也能动动手，加分奖项也会入账。

帮值班前先求挂个名，也不至于辅导员送个感谢奖都没有她的份。

多拒绝一点，抓住跑腿的时间做做实验看看书，哪怕去做志愿者……

哪怕不会有大成就，哪怕最后也是两次考研失败，至少心灵丰盈，至少最后不会分手后痛苦地喊叫“我四年来一无所有”。

3

现代人常说，没有爱情的人生是不完整的。但失去爱情的人生就是空白的了吗？

亲情、友情、学业、工作，哪怕游戏、小说，哪样不能让你的生活舒服有趣些？

小A考研时，我们劝她分手，她说这一个走了，没有下一个怎么办？她谈了这么久，单身后会不习惯的。

所以姑娘，那些走在阳光下的校园里，穿着仙女裙打着小黑伞恨不得拼命爱自己的姑娘，你真的需要抓住这样一场有毒的爱情吗？

或者说，小A为什么会嚎啕，因为她把四年的所有意义，都托付给了那场恋爱，而恋爱消散了，她觉得四年什么都不曾有过。

常有学妹问我，考研时和男朋友有矛盾该怎样处理？男朋友总是给我找麻烦怎么办？

我不会劝分，但我会问，如果这件事失败了，你会觉得都是他害了你吗？

如果不会，那几番掂量，爱情需要包容调和，相处间沟通的劳神费力永远不可避免，或许他是真心为你好。

但是如果你会觉得是他的参与让你失败，并且在他离去后你会丧失一切，满心怨恨，那请及时止损，远离这场有毒的爱情。

大学时恋爱是最合时宜的一件事，但它永远不是你生活的全部重心。

有毒的恋爱，它是蚀骨的毒药，侵蚀掉你的人格与热烈，到最后成为另一半，甚至是彼此手中折磨的尖刀。

我们宿舍，6个人3个群

✲柒 若

>>>> 01

晚上 11 点 08 分，微信传来一阵急促的消息提示音：阿雯邀请你加入群聊。

我疲惫地捏了捏山根，看着自己莫名其妙地又被拉入了一个新群。

六人寝的宿舍，群里只有四个人，诡谲且富有戏剧性。

我熟练地将群聊消息开启免打扰，想要屏蔽那些鸡毛蒜皮的琐事。

可是不断弹出的消息还是如张开血盆大口的猛兽般，将我们宿舍成员之间仅存的友谊啖食干净。

“烦死了！她能不能别在宿舍打电话啊？有对象了不起啊？”

“就是就是，声音还那么大！别人不要睡觉的吗？”

“我无语了……”

各种粗鄙之语在群里炸开了锅，隔着屏幕，她们便可以肆意妄为地吐槽舍友。

我有些惘然地看着群消息，心底漫上了一层惆怅：那个曾经温馨的六人寝，是从什么时候变成如今这番残破模样的？

>>>> 02

其实，这已经不是我们宿舍建立的第一个小群了，六个人的宿舍，零零散散，就已经有三个群聊了。这还只是据我所了解的。

我们六个人的宿舍大群也从最开始的无话不说、无事不分享，到现在的消息记录只停留在五个月前“青年大学习”的打卡截图。

我们逐渐活跃在各个小群里，三三两两的像是繁星化成的碎片，而最开始的宿舍大群也成了尘封已久的木匣，被人遗忘在微信列表里。

我还记得我们初次见面的场景：当时我是第一个进宿舍的，陌生的环境令我惴惴不安又使我心生期待。当舍友拖着笨重的行李箱，拉开宿舍门时，我们彼此对视、莞尔一笑，一切尽在不言中。

也许这就是所谓的宿命吧，让来自不同城市的我们相遇在同一屋檐下。比起舍友，那段时间我们相处得更像是家人。

年龄最大的我也自然成为一家之长，和其余五个女孩彼此治愈着。那段时光里，我们无话不谈，从诗词歌赋谈到人生理想。每天最幸福的事情就是在熄灯以后，借着手机微弱的灯光聊悄悄话。

可是时间总是会将热情冷却，每个人都有自己要走的路，我们的友情也在不同的岔路口分道扬镳了。

>>>> 03

也许是因为六个人的友情太拥挤，又或许是因为每个人的节奏无法同频。

她看不惯你在周末早起去图书馆学习，你也理解不了她半夜三更和男友煲电话粥；她痛恨你的内卷，你厌恶她的自私。

我们褪去了光环、擦除了滤镜，开始隔三岔五地为一些小事吵得不可开交。唯一值得庆幸的是：我们都没有撕破脸，还愿意维持着成年人的体面。

但是背地里却是拉小群各种吐槽和拉踩，彼此心里也产生了一道无法逾越的鸿沟。

作为中立人，我没有被卷入任何一场风波里，但是看到舍友如今的关系，我也只能无可奈何地摇摇头。

也许你会疑惑，为什么不尝试去沟通和解？为什么不能让宿舍友谊回到最初的状态？

我的建议是：可以，但没必要。

>>>> 04

有人说："有些室友永远都不可能成为朋友。"

对于这句话，我之前一直是嗤之以鼻的。同在屋檐下，冰冷的石头都能捂热，更何况是人心呢？哪有合不来的舍友，只不过是自己不愿意踏出那一步吧。

但是当我真正踏入大学的校门时，才发现自己实在是太天真了。

之前看《老友记》和《爱情公寓》时真的非常羡慕影视剧里的情谊。

"喜欢的人就在身边，爱的人就住对面。"我也曾幻想自己能遇到一群陪我哭逗我笑的知己；后来才发现这样的思想实在太自私了。

一个宿舍里是几个天南海北生活习惯完全不相同的人，突然要生活在同一个屋檐下，还要强迫每一个人迁就彼此的生活方式，这的确是一件极其残忍的事情。

当然也有可能遇到关系如胶似漆的好舍友，但这并不是常态。

我们都是普通人，有着平凡的优缺点，也有着自己的喜怒哀乐。

可能有人习惯早起，有人却乐意熬夜；有人睡眠浅，却又无奈舍友打鼾；有人有洁癖，偏偏舍友一周洗一次澡；有人喜静，舍友刷视频却总是外放声音……

任何一种情况都可能成为矛盾的导火索，但其实谁都没有错，只是习惯不同而已。触碰底线的事情我们需要交涉，但其实很多时候我们只是和舍友步调不同。

所以我也开始慢慢释怀了，为什么要强迫自己把舍友当成朋友呢？和舍友合得来是运气，合不来是常态。

我的舍友只是我的舍友，她们可以不做我的朋友。

舍友是大学接触最密切也最微妙的人群，处理好宿舍关系也成了大学的一门必修课。

>>>> 05

我希望大家能明白：在和舍友相处时不要因为自己心情不好就迁怒于人；要学会尊重和包容不一样的价值观；要注意和舍友之间的边界感；遇到实在过分的人或事要摆在台面上说清楚；规矩在刚开学的时候就要立好，会省去很多麻烦；最后，做好心理准备：舍友不等于朋友，降低心理预期。

让我们一起努力，一起进步，相伴成长。

若干年后回忆起这些琐事，都是对青春的慰藉。那些回忆不论好坏，都是生活的礼赠；是它们充实我们的生活，丰富我们的人生。

拜托，别再对我说『为了你好』

✼ 珈 一 叶柚子

在生活里，我们或多或少总能听见这些声音：

“你好胖啊，该减肥了。”

“在大学里就要多考几个证。”

“女孩子不用这么累的，找个安安稳稳的工作，早点结婚就好啦。”

……

最无奈的是，但凡开口反驳，都会被一句话遏制：

“我还不是为了你好。”

1

前几天趁着周末，我和好友陪着妹妹在附近广场上学骑单车。

妹妹学得有些慢，小丫头第一次骑单车，胆子小，有些怯。

我们本是不急的，反倒是一旁等待跳广场舞的叔叔阿姨们先是急了起来：

“你们得扶着她一点呀，这样学起来快。”

“不能扶，要让她自己试着踩一踩脚踏板，找找平衡。”

……

人群里的声音不同，意见不一。

我转过身注意到妹妹的小脸涨得通红，脚下的步子也有些局促。

“算了，今天就这样吧，我们回家吧。”

我们收好东西走远，那些繁杂的声音才彻底清理干净。

只是最后走开，不知是谁嘀咕了一句：

“现在的孩子啊，就是说不得，我们这不都是为了你好嘛。”

声音不大，却将“为了你好”这四个字重重地落在我心上，久久未能拂去。

2

好像对方的“为了你好”一出口，即可抑制住我的言论，遏制住我的思想，钳制我的行动。

他们以一种过来人的模样，顶着“我吃过的盐比你走过的路还多”的姿态，那样理所当然地，不假思索地，动摇着你的自信，打击你的热情，甚至让你陷入深深的自我怀疑中。

不会问愿不愿意，不会问开不开心，不会问是你想要的吗，好像自己的一句“为了你好”就一定是“你好”。

是吗?

不是。

去年过年的时候，一大家子团聚在一起，自然是避不开七大叔八大姨对晚辈的学业事业乃至婚姻家庭都上下指点一番。

当然，我也逃不过。

彼时，学法律专业的我和爷爷讨论公检法与律师行业的利弊，而完全没有涉猎相关领域的亲戚对我说：“你别以为律师真像电视剧里那样威风。”

“就是啊，你一个女孩子学什么律师啊。”

“小丫头家家的，能干好律师嘛，干不好还是趁早换专业哦。”

有人跟着附和。

我没说话，张了张口准备辩驳，又听见她们说：“哎，我们可都是为了你好哦。以后吃了亏自己就知道了。”

我没有继续再与她们辩驳，因为只有我自己知道：选择这个专业是因为我的热爱。

他们不知道，我参加辩论队锻炼口才，积极参与普法活动，加强与他人的沟通，我正在往一名合格且优秀的律师方向努力。

他们不知道，比起朝九晚五的固定生活，我更向往变化多彩的人生。

他们不知道，我比任何人都清楚，我有多渴望站在法庭上捍卫当事人的权利。

他们不知道，我的选择，完全是在对我的个人能力以及兴趣爱好认真考量后才做出的。

他们什么都不知道，他们只是带着世俗的滤镜和偏见的眼光对你万般指摘。

多可笑，打着“为了你好”的称号过来劝阻你的过来人，其实压根都不了解你。

3

但在生活里，我们也总会被一些“为了你好”而左右。

因为朋友的一句“你还是瘦点好看啊”。表姐拼了命地减肥，可是表姐瘦下来了之后丢了那份大码女装模特的工作。

表姐拿着那份辞职报告抱着我哭了一整晚，她说她真的很喜欢那份工作，选择那份工作就是因为她希望把自己的自信传递给更多的胖妹妹。

她想传递：你就算是胖，你也可以很美。

可是她忘了。在一句句“让你减肥也是为了你好”中她渐渐忘了。

可是那个夜晚，甚至是很久之后，那个说“为了你好”的朋友也没能让表姐在后来的生活里找到那种“好”。

最后承受结果的只有我，那我为什么要听你的?

其实，每个人对任何人都可以提意见，或者说是指点。但是，无论谁提意见，多少人提意见，又是提的什么意见。我们都要保持自己的独立思考和判断，然后，听从你内心的声音。

我不是劝你，我只是建议：

你知道吗？其实正是因为每个人的思想不同，所以这个社会才会色彩斑斓。

所以呀，你认为的“好”不一定是我认为的“好”。我们选择的路不同，经历的也不同。

所以，麻烦你我都过好自我，就好。

拜托了，别再对我说“为了你好”。身边的声音很多，你不想听的那就不要听。

很感谢你能来，不遗憾你离开

✽初小轨

朋友越来越少，剩下的也越来越重要。

—— 01

昨天一个网友说，她刚从一个同学口中得知，她关系最好的姐妹今天生了一对双胞胎，但是她连自己姐妹什么时候结的婚都不知道。大学时候她俩好的，一个来大姨妈，另一个二话不说就跳下床去给对方洗内裤。

可是现在却像两个擦肩而过后老死不相往来的冷漠人。好心塞。

为什么我们会走着走着就散了?

之前我在报社上班，有一个跟我关系特好的姑娘。

我们同一批进入报社，一起经历过残酷的六进二淘汰赛，晚上睡一个寝室，谁早起就偷偷帮对方作弊签到，用对方的腮红，吃对方的栗子，换衣服的时候一言不合就要比比谁的胸更大。

一年后我决定辞职北上，拉着行李箱站在报社门口前跟同事们一一作别，她当着所有人的面儿，后蹬腿拽着我的胳膊，像个小朋友一样哭得“嗷嗷”叫，问我为什么这么狠心丢下她。

我当时心头一颤，难过得要死，觉得这辈子可能再也不会有这样真心待我百般依赖我的闺蜜了。我像是哄媳妇一样一脸严肃地告诉她，我走了之后，会每天给她打一个电话，而且将来一定还会来看她，乖啊，别难过了。

第一个月，作为一个玩命血拼的北漂狗，我每天晚上不管忙到多晚都要给她打一个电话聊聊鸡毛蒜皮的八卦，她起初总是在电话里说着就想我想得哭起来，后来慢慢地就能笑着跟我说晚安了。

第二个月，我有一天加班到很晚，一着床就像散了架子一样，我告诉自己就眯一小会儿就起来洗漱跟她说晚安，结果没脱衣服没洗漱一合眼我就睡过去了。

第二天我一起床就赶紧打电话给她解释，她在电话里一愣，说:“你吓我一跳，以为多大个事儿呢，你至于么这么一大早就给我打电话。”

六年之后，我们有彼此的微信，但是现在我们连点赞之交都算不上，我们存着彼此的电话，但从来不敢打，因为已经完全不确定是否还能打得通。

我们无仇无怨甚至连别扭都没闹过，只是一个不问，一个不说。

打败我们的不是背叛，而是自此天涯两隔，你的余生恕我未能继续参与。

—— 02

在山东工作过一段时间，跟一个男设计师三观合，节奏对，纯洁的革命友谊羡煞旁人。但凡我扔给他一个文案，不用我废话，分分钟就给出我想要的设计。

有段时间我经常因为起晚了吃不上早饭，他每天都买两份早餐往我桌上扔一份；我家里买的壁画需要打洞，他带上锤子就冲到我家帮忙。

我妈说："毕竟是异性，还是保持点距离吧，否则招人闲话。"

我说："别这么封建，就是好哥们，管别人怎么说。"

后来我分管华西大区，经常出差，在办公室里待着的时间屈指可数，跟他的工作交集越来越少，不知不觉就好像不怎么来往了，偶尔碰上，笑着打个招呼都觉得尴尬。

我妈住院那阵儿，突然问起我来："好久没见某某某了，你们不一起玩了？"

恍然发现，我们的关系，什么时候起，早就已经"从我有个特好的哥们，沦落到了我以前有个同事"。

《山河故人》里说，每个人只能陪你走一段路，迟早是要分开的。

有时候想起来这些走着走着就失散的朋友，心里难免感伤，那些记忆明明还历历在目，现在却不知道什么原因就各自淡若天涯不再联系。

有朝一日在大街上看到一个人，说话的腔调跟你真像啊，那一刻想要打电话告诉你，却发现，欲买桂花同载酒，终不似，少年游。

03

《后会无期》里有一段：

周沫说："记得啊，要是以后你们还混得不好，可以来找我。"

胡生说："混得好就不能来找？"

周沫说："混得好你们就不会来找我了。"

听着是不是好心酸？其实现实更心酸，不管混得好不好，好多人都注定跟我们再见不见。

我们来到世上，无论选择了平淡居家，还是选择了勇闯天涯，有些人离我们远了，就会离另外一些人更近了，这未必不是一件好事儿。

你是我的好朋友，但你将来还会有其他的好朋友，以前你跟我比谁喝得多，将来你也会跟别人比谁跑得快。

有些朋友，不知不觉就疏远了，可能我们连原因都不知道。

就像我们年少时对某个人，一念起心生欢喜，一念起又嗤之以鼻。

两个人，在一起舒服就在一起，觉得不爽就痛痛快快谢过对方温情款款，长别离。

记得张学友的《秋意浓》吗？

"怨只怨人在风中，聚散都不由我。"

04

前段时间，大理地震，凌晨2点，床头一颤，1分钟后我就接到一个奇怪的信息，我一看，是一个从2009年猫扑时代就看我写东西的老读者，当年我刚出道，争强好胜嘴皮子不饶人，写东西绝不留余地，蛮横霸道一言不合就吵架。

尽管如此，他跟100来号死忠粉自发建了个群，看到谁要是在群里说我的不是就要玩命跟人对战，才不管是不是我真的有错。

后来我弃文从商，再后来我重新拿起笔杆子全职写作，这期间他好几年都不曾冒个泡泡。

但在大理地震的第一时间，他突然冒出来。

问我："没事儿吧？"

时间是一种很残酷的东西，它会冲淡能够冲淡的，但也会洗尽铅华帮你留下该留下的。

所以，无论我们虎落平阳终陷落魄，还是一朝显赫半生荣华，朋友都越来越少，剩下的也越来越重要。

很小的时候就有人告诉我人走茶凉，也有内心强大的人说道不同不相为谋随他去吧，但是每个出现在我们生活轨迹里的人，都有着自己的使命，有人教会你别把过去看得太重，有人告诉你无论你做了怎样的决定他都懂。

没必要对物是人非耿耿于怀，也没必要分开了就恶语相向诽谤中伤。

一句"你变了"，伤人又伤己。路太长，人在换，我们就是要变，变好，或变坏，都是一个人活着的常态。

这辈子，相遇一场，只要各自安好，联系不联系都不重要。

所以，这一路，很感谢你能来，也不遗憾你离开。

不会化妆，我被室友孤立了

✽拾　一

“真搞不懂，你到现在还不会化妆？不觉得给我们女生丢脸了吗？”室友说完这句话，就自顾自地往前走了。

而她口中那个不会化妆的女生，就是我本人。

室友嫌弃我素颜出门已经不是第一次了，按照她的话说，女为悦己者容，女生就应该要学会化妆，好好地打扮自己。

因为这个原因，平时群里组织团建活动，她都不太愿意跟我一组，觉得我跟她们玩不到一起，没有共同的话题。

碰上一起出席活动还时不时调侃我，说我老是这样素颜出镜拍照，真难为了那个为我修图的人了。

虽然这是室友的一句玩笑话，却真真实实中伤到了我。

素颜，真的就那么丢人吗？

那些大众认可的事情

说实在的，从开始接触到化妆，我个人并不排斥。

但我更愿意保持素颜，出门前把自己的仪容收拾妥当，干净整洁，不要给人一种邋遢的形象，这种状态出门，我并不感到有何不可。

我始终认为想要了解一个人，不单单是依靠外貌来作为评判标准。

但当周围朋友都开始化妆的时候，而我没有，我无疑变成了她们口中的“另类”。

因为这事，我曾经向家里人吐槽过，但换来的却是一顿教训。

家里人不认可我的说法，认为我就是为自己的懒惰找借口。因为不化妆才导致找不到男朋友，整天顶着张素颜脸，拿什么去跟人比，说男孩子都喜欢长得好看的女生。

大众认可的事情，自己没能跟在队伍里面，就会显得格格不入。

在这双重的打击下，渐渐地，我内心开始动摇，也接受认为女生就应该要化妆的想法，开始规规矩矩地学习化妆。

每天空闲时间不是狂刷美妆博主的视

频，就是在淘宝买化妆品。

备忘录里全都记着彩妆牌子、化妆步骤，收藏在购物车里的东西也从书帖学习类变成了美妆类。

有那么多声音

学会化妆后的我，本以为生活会往更好的方向发展，其实并没有。

她们讨论我的眉毛画得太粗，眼影色调不搭配，说我没有做好保湿打底，脸上都浮粉。就连平常一起运动的闺蜜都嘲笑我，跑个步还化妆，不知道抽什么疯。

渐渐地，我对生活的关注点开始倾斜了。

每天早起不再练习口语打卡，而是提前半个小时起来化妆；平时出门担心别人对我的妆容指指点点，走到哪里都想要找镜子看看自己有没有掉妆；工作上也开始频繁出错，就连午休的时间都争分夺秒在练习贴眼睫毛。

太过在意某件事，它就会变成困住你的枷锁。室友说我跟风，同事说我不务正业，变得虚伪。

那段时间我过得很糟糕，仿佛做什么都不对，做事开始畏首畏尾，有点不知所措。最后还是闺蜜点醒我，人就是因为太过在意别人的看法，听太多的声音才容易迷失自我。

经过这件事，我更加清楚地意识到，我对化妆这个领域并不擅长，之后我也不再纠结化不化妆这件事。

在掌握化妆的一些基本技巧后，如果出席一些重要场合，我会选择淡妆出行。

回归日常，我仍然喜欢素颜的自己。

虽然耳边依旧有不同的声音去评价议论我，但我知道这并不妨碍我去做自己喜欢的事情，结识一些志同道合的写作伙伴。

我想，如果我自己都不喜欢自己的话，又如何让别人去认可我呢？

在化妆这条赛道赢不了别人时，我可以选择其他赛道去竞争啊，做不到别人能做到的事情，并不代表我就是错的，何必要跟别人死磕到底呢？

最喜欢怎样的自己？

每个女生都有追求美的权力，化不化妆，取决于个人喜好，想要让自己变好看，这本身没有错。

但我们更应该有自己最为舒适的生活方式，自己热爱的生活状态。我们不必因为某个人的看法就强行改变自己。

学会化妆的确能为自己加分，但保持素颜依旧也能够赢得掌声。

就像有句话所说：不是所有女生，都是仙女，但我在努力活出自己最喜欢的样子。

做任何事情，能把自己放在第一位才最重要。

最后我想说，无论哪个状态，只要能把自己最好的一面呈现出来，活出自己，你本身就已经很优秀了。

那些年，我也曾努力合群

✽刘欣淼

01

小时候父母总是将那句“你现在好好学习，将来考个好成绩，考上好大学就有出息了”挂在嘴边。

在他们口中，大学生活精彩纷呈：能够结交来自五湖四海的朋友，能够和志同道合的同学一起组织活动，自己的事情能自己做决定……

仅仅是那句“自己的事情能自己做决定”就让我心动不已。

毕竟经历应试教育这么些年，在父母的谆谆教诲、殷切期盼下，我几乎成了一台“学习机器”，许多想做的事情，还没有开始，就被父母以耽误学习为由扼杀在了摇篮里。

这种对大学生活的向往，在高三结束的那个暑假尤为强烈。我近乎着了魔，每天翻来覆去地在网络上搜索自己即将就读的那所大学，希望能获取更多的信息。我还通过不同渠道搜索新生群、迎新群，希望能跟同专业的同学提前取得联系。

经过一番努力，我通过社交软件真加了许多和自己一样的新生为好友。

暑假结束前，我还将五湖四海的同学通过QQ和微信等渠道汇集在一起，自发组建起班级群。为了日后能和大家融洽相处，在学校进行网上预报到前，我细心提醒每一位同学及时注册、更换照片，甚至会和他们聊聊自己提前了解到的关于学校的信息。

02

我做的这一切，都是为了合群。用父母的话说：在大学就是要多交朋友。

正因如此，从大一入学开始，我就对所有人都特别热情，对他们的请求更是来者不拒。每次看到同学们得到我的帮助后扬起的笑脸，我都觉得自己和他们的关系更近了一步。

然而，我并没有得到自己想要的回报。

大一入学后不久，班级组织了一次评选活动。

在那个时候，同学们除了对自己朝夕相处的室友有一些了解，对班里的其他同学并不是特别了解。而乐于助人的我，似乎毫无疑问会获得最高票数。

没想到，现实给我泼了一大盆冷水。在这次评选活动中，我仅获得了两票，这两票还来自我的两个舍友。

为什么会是这样？我当时特别不理解。我那么努力融入集体，那么尽心尽力地帮助大家，为什么反而没有得到大家的肯定呢？

更让我不能理解的是，我的另外一个舍友也没有选我。

那时我以为，同住一个宿舍，未来还要在一起相处好几年，理应互相照顾，更不用说投票了。我不知道是自己做得不够好，还是自己做错了什么。

回到宿舍后，我犹豫了很久，还是忍不住找她问了原因。时至今日我仍记得她的回复："我就是觉得有更好的人选，而不是因为你是我舍友，就必须把票投给你。"

舍友的话提醒了我，不是帮助别人就一定要索取点什么的。而我也在那次学到了进入大学的第一个道理：你可以拿所有人当好朋友，但他们的好朋友永远不会只有你一个。

03

后来的两年，我一直在努力和另外两个舍友打成一片，哪怕很多时候，我和她们的生活习惯和观念并不相同。

她们花钱大手大脚，而我从小习惯节俭；上课时她们经常坐在最后一排，我虽然觉得第一排听得更清楚，但还是会为了和她们一样而坐在她们身边；她们习惯在期末考试前临时抱佛脚，而我更愿意在前期付出更多的努力；她们没课的时候喜欢窝在宿舍里，而我非常想走出去丰富自己的大学生活……

我们的不一样让我和她们渐行渐远。但如果真要脱离那个小团体，不再去迎合她们，我真的没有这个勇气和魄力。

直到有一天，某一门课要求自行组队完成项目，看到她们俩选好题目后，我特别自然地填上了自己的名字，却被告知每个项目的参与人数是有限制的，她们俩想组成一队。

如今，我仍记得自己当时的难以置信和手足无措。但也多亏那次的经历，我才能有机会在不得已的情况下和别的班的同学组队，感受到兴趣相投的快乐。

后来，我打开那个我发言最多的三人群组，果断按下了删除键，也删除了那个努力合群的自己。

04

从那之后，没有了刻意迎合，我的大学生活过得自在而随性。我不再委屈自己，那些我曾经非常想做但因为种种原因搁置的事情，都被我一一拾起。

我去跑步，去摄影，去操场上遛弯儿，去抢第一排的座位，去品尝食堂最新的菜品，去参加没参加过的比赛，去组织喜欢的社团活动……我渐渐感受到做自己的快乐。

从努力合群到自在生长，我并不是鼓励每个人都选择独处。我只是想说，永远不要刻意去迎合别人，那样的你无法赢得真正的尊重。

合群并非志同道合，如果你真的遇见有共同理想、共同爱好的盟友，就请和他们并肩前行。如果没有遇见，就请你做好最真实的自己，勇敢地走过这段美好而易逝的青春年华。

对，我就是个『奇怪的小孩』

✽未名

1

在我提笔写下这个标题的时候，我还不清楚我接下来到底要写什么，我的思维很混乱，我只是觉得压抑太久了，想发泄一下，很多想法都破土而出了。

我可能从小就不正常。我不爱出门，每天宅在家。说的话做的事也颇像大人们说的那样："这孩子上不得台面。"妈妈常常骂我："你为什么就不能像别的孩子那样？"

我想了想，于是我开始改变。

强迫自己说话，强迫自己参加不喜欢的聚会。有的时候在一些场合我感觉无所适从，表面上外交式的交流很容易；有的时候也会碰到一些我觉得很棒的人，想要深入交流，开始侃侃而谈；有的时候收获的却是嘲笑，是讽刺。

初中的我外表看起来很自卑，这自卑仿佛是与生俱来的，如影随形。我不喜欢热闹的场合，不喜欢和关系不怎么亲密的人出去玩，在有人的场合我习惯性低头。妈妈跟我说："你不正常。"我开始思考，我真的不正常吗？我也有自己的朋友，我喜欢音乐，喜欢钢琴，喜欢画画，有的时候上课遇到想要答的题也会努力争取。可是妈妈说："你不是个正常的孩子。"于是，我开始反思，我开始改变。

高中的我参加了班级里的文艺汇演，积极地和所有人友好交流，看到那些让我觉得害怕的人不再低着头，反而摆出一副比他们更不屑的态度。旁人都说我人缘真好，性格真开朗。有一天，旁边的一个姑娘对我说："嗨，我真想像你一样，无忧无虑。"我哈哈大笑，天知道我是一个多么敏感多疑的人，谁会知道？就连我妈，她也不会知道。

高三毕业晚会结束的时候，好多人都哭得泣不成声，而我在与那些与我拥抱的人说话时，总是笑容灿烂。

毕业了，多快乐的事。

2

回到家的时候，妈妈在旁边，我跟她说："妈妈你知道吗，刚刚吃散伙饭的时候大家都哭得好大声，可是我当时一点也哭不出来，可现在回到家看到你，我坐在这里，一下就很想哭。"我哭得很小声，很悲伤。

但是我妈，她一句话也没有说。甚至，她好像还在玩手机。

后来，我去参加了高考补习班，这是我的决定。妈妈说："我只给你这一次机会。”

那一年啊，真的很苦很累。放假了，村里的同学们叫我出去玩，可我真的很累，不想出门。而此时“上不了台面”“适应不了社会”“不敢见人”等等词又传到我的脑子里，于是人家过来叫我的时候，我虽不愿意，可还是出去了，参加着我不是很喜欢的外交式聚餐。

我的补习考得很失败，可我竟然没有眼泪。可能是我这个人真的很奇怪，有的时候，还没等眼泪流下来，我觉得不适合哭，就会很好地控制住它，不让它流下来。

那天晚上，我一个人在宿舍，灯熄了之后看着窗外，我突然能理解那些高考失利后抑郁的人了。

但是，我不会。我拿出旁边的老年手机，拨通了姑姑的电话。很搞笑，我第一句话还没说完，我就哭到难以自持。其实不记得姑姑跟我说什么了，我这个人其实自己可以安慰自己的，我只是想找个人说说话。

那一瞬间我才发现我有多难过，我和姑姑说：“我不敢和我妈说，说我考试的时候被人影响了，说我心态崩溃了，她也不会安慰我。”

果然，当我妈知道我的成绩时，第一句话就说：“你怎么才考这么低？”我努力了好久的，这么低我也不知道为什么。但是我听到自己说：“就是啊，没考好。”

夜晚我关掉电脑，我把自己关到一个小角落里，越哭越大声，就算我拼命抑制也不行。灯闭了门关了，没有人看得见我，哭到眼睛肿胀。妈妈过来，看了一眼：“有啥好哭的，自己考成那样，有脸哭？白补了一年，还是个二本。”她从不在这样的时候关心我一下，和旁人说起我，也永远都是反面材料。

我不在她面前哭，也不再想真正地让她理解我。我们之间，可能隔的不仅是代沟。

3

我上了一所二本院校。大学带给我很多快乐，我学会了怎样以一种既不丧失自我，又让人舒服的态度进行人际交往。我的成绩在班里排前三，参加活动，做设计和创作，也拿了一些奖。我越来越活得自我，在外面的生活让我更知道我是谁，我因什么而快乐，也慢慢地想通了一些事情。

暑假回来了，一天，村里的熟人们又打电话叫我出去玩，那时的我实在不想出门。我说：“我就不出去啦。”结果人家到家里来叫我，可我真的不想出门。我跟他们说：“我不出去了。”果不其然，我妈又投来熟悉的眼神：“你咋了？为啥了？”这还需要解释为什么吗？我不想出去就不出去啊，然后我听见自己坚决果断的声音：“我今天不想出去玩儿，下次吧。”

大家走后，妈妈看向我，她的眼神很冷漠又很愤怒：“你真奇怪。”

“你真奇怪。”“你不正常。”这是从小到大妈妈常常跟我说的话。

都说母女没有隔夜仇，其实从小到大她有意无意骂过的那些话谁还记得呢？我都忘了。只是这一句，贯穿成长，没法忘记。

我回她：“嗯，我可能就是很奇怪吧，反正也变不成别的样子了。自卑、孤僻、怪人一个……就像你说的这样，也没什么，我还挺快乐的。”

然后她开始翻旧账骂人的时候，我沉默了。上了大学之后，我们也吵过，有时候看到她被我怼到时，我也会懊恼。我不想和她吵，她只是三观和我不同，终究还是爱我的吧。

现在，我并不强迫她懂我，我并不怕别人说“那女的可奇怪了”。我有自己的原则，我的性格就是这样子。我就是喜欢安静，从小到大也结交到志趣相投的朋友，他们每个人都不一样，有的性格泼辣活泼，有的幽默风趣，有的看似刚强实则柔弱，和她们在一起我没有包袱。

我想，可能我真的就是个奇怪的小孩吧，我没办法活成所谓正常的样子。不过，当个怪人也挺好的，现在的我，才是真正的我，我觉得很舒服。

我并不感激那些曾经伤害过我的人

✽ 马小聪

1

8 岁时，我刚上小学，被老师莫名其妙安排到了最后一排，孤零零的一个人，紧挨着垃圾桶。

每次同学过来扔废纸时，我就感觉自己好像是这片区域的“管理员”，人人经过时都会与我寒暄几句，然后再朝我的方向随手扔掉他们不想要的东西。

当时内心很不舒服，但是也说不上来究竟是为什么难过。

直到随后几年我才明白，一些人之所以坐前排，是因为他们的父母找过老师，以长得矮、眼睛近视、多动症等各种缘由让老师尽可能把他们安排到靠近黑板的地方。

我一开始是不坐那里的。之前陆陆续续也有一些人是要坐那里的，但他们会哭，会闹，并且还会告诉自己的父母，自然，那个位置就被空下来了。

老师说我听话懂事，就让我去坐那里了。他们知道，我是被爷爷奶奶带大的，父母经常不在身边，因此觉得我坐那个位置应该没问题。

我从小就是那种报喜不报忧的人，即便自己很难过，回家后也不敢跟爷爷奶奶说，我怕他们为我担心。

很长一段时间，害怕被老师忽视，于是我学习特别努力，心里想着只要我考第一，应该就可以远离这个被人嫌弃的位置，自己也不会常常感到不开心了。

那是我第一次被老师伤害到，我不哭不闹，选择了忍耐，然后把悲痛化为动力，让成绩名列前茅，用实力证明了自己。

2

18 岁时，面临高考，我的身体胖到了有史以来最高点。

中学那几年，我就一直很胖，身边没有同学愿意与我玩，他们在背后给我起各种外号，从此我的名字很少从别人口中听到。

就连偶尔闪过老师们之间的对话，内容也是一样的：我知道那个她，一个胖胖的小姑娘。

那时我们都还是少年，玩心比较大。印象最深的一次是，班里调皮的同学，估计整人电视剧看多了，有两人在门口撑着一根绳子，最前面有人叫我，找我有急事，我慌乱之下，没怎么看路，“啪”的一下，重重摔在了地上。

画面可想而知。

在我晕晕乎乎的状态下，我耳边传来了接连不断的嘲笑声，我用余光轻扫了四周，围满了人。我就像一个小丑，任凭他们议论、讥讽、诋毁。

我当时特别想哭，但内心告诉自己：我不能。

哭代表软弱、认输，但我偏要强大。

之后我顺利考上了大学，开始给自己做各种安排，什么时间做什么事情，该做什么，不该做什么，我都给自己安排得妥妥当当。

我不去在乎任何人的言语，也不去为了合群而故意合群，我知道大多数人只能陪我们一程，期限一到，剩下的路，仍旧是自己一个人去走。

20 岁左右的年龄，比起吃喝玩乐，我更倾向选择孤独，多多提升自己，提高自己的核心竞争力。

于是我减了 30 斤体重；每天坚持写作，大四毕业那年写完了自己的第一本书；很早就实现了经济独立；去过很多城市，走了很多路，见过很多人，让我长了见识，明白生而为人，要做到自知、自明、自重。

现在的我，活成了自己小时候梦寐以求的模样。如今能够坦然讲出这些伤害，是觉得很多事情早已过去，没什么大不了的。

3

今天突然想到我的这些过往，主要是因为我妈。

她马上就要 50 岁了，她跟我说现在的生活太平淡，决定去考个驾照，挑战一下自己。

自从她报考的第一天起，没一天是开心的。她本来就不会开车，心情已经很低落了，一上车教练还骂人，吼着嗓门骂到她怀疑人生，内心一慌，更不会开了。

她打电话给我，向我发泄自己不满的情绪，还说现在跟她同一批的学员，很多人都不去了，就是因为受不了教练的辱骂和打击，太伤害自尊心了。

我告诉她，学习本身就是一件困难的事情，越是恐惧，越要面对；越是被伤害，越要懂得忍耐。

我觉得有一句话说得挺好：一个人究竟能不能成事，不是看他飞黄腾达时，站得有多高，而是要看他在一无是处时，蹲得有多低。

任凭他人怎么说你，你明确好目标，坚持做自己就好了。

我妈随后又对我说了一句："按理说，人家这种骂也好啊，只有这样才能逼着你进步，或许也应该感谢人家。"

听到我妈这样说，我开始问自己：我会感谢那些伤害过我的人吗?

我的答案是：不会。

人身攻击就是伤害，时间久了，它会让你变得胆怯、自卑、懦弱，后期要花三到五倍的时间才能从阴影中走出来。

让我们成长进步的，不应是这些伤害我们的话，而应是那个在痛苦中挣扎且绝不放弃的自己。

我们最应该感谢的，是一直在坚持的自己。

4

歌手张韶涵在《吐槽大会》上讲过自己的曾经，她被亲妈欺骗，被闺蜜背叛，这么严重的伤害，她挺过来之后，说了这么一番话：

我不感激伤害我的人，他们只是提醒了我，不要成为那样的人。没有这些伤害，我也会变得更强，虽然朋友多了路好走，但我不需要太多朋友，因为我自己有翅膀。

我曾经看过一些关于岳云鹏的专访，他在里面讲述了自己的过去。

在成名前，他做过服务员，当过保洁，被很多顾客骂过、侮辱过，身边一些人看不起他，经常欺负他，直到让他失业。

如今他成为家喻户晓的相声演员，记者问他："你会恨他们吗？"

他笑着笑着哭了起来："我心里恨他们，特别恨。"

不是不大度，是曾经的遭遇，就像噩梦，让他没办法释怀。

恶意永远就是恶意，只不过有深浅罢了。可以不必抱怨浅者，而深者可能是一辈子的阴影。

我也被人伤害过，我不会计较，但我并不会感谢那些曾经伤害我的人。

走到今天，我想对一路坚持的自己说声谢谢。

即便伤痕累累，依然要闪闪发光。

其实没那么多人真正在乎你

✻咿呀

前些天我发了一条朋友圈，搞怪的文案，配上可爱的自拍，不一会儿，就收到了很多人的点赞和评论。

其中有一条是高中老师发来的：大学的你看起来比以前活泼多了。

我突然想到，几年前，还在读高中的我，内向，不爱社交，不爱说话，完全是小透明一枚。

虽然私下里和关系熟络的室友们也会一起疯一起闹，但是在很多老师、同学眼里，我的确是一位个子小小，又没什么存在感的女生。

毕竟，那时的我，上课害怕回答问题，老师点名时心里紧张，站起来不仅腿会抖，耳朵和脸蛋也会通红。

更奇葩的是，如果被喊到上讲台做题，我头脑经常一片空白。

更别提去参加什么班级活动了。

…… 01

后来读了大学，军训过后开始班干部竞选，我脑子一热，认真写了一下午的竞选稿。

最后竞选，我犹豫了很久，从坐下来开始，我就开始紧张，手里攥着的竞选稿被我弄得褶皱不堪。

“上不上去？”“大家都不认识我，选不上吧？”“前面这个人好厉害啊，我还是别去丢人了。”

“可是我写了这么久的竞选稿，放弃不好吧？”“要不试试吧，也就这几分钟。”“算了算了，上去吧。”

后来凭借那几秒钟的勇气，我离开座位，走向了讲台。

没想到，最后我竟然竞选成功了。

这件事就像生活中的一个触发器，给了我满满的成就感，也给了我足够的勇气去尝试新事物。

我的生活好像也从这里开始转变了。

摘自公众号『李西漠』

……02

不知道你有没有听过一个很有意思的心理学理论：焦点效应。

这个效应，来自心理学家吉洛维奇做的一个实验。

这位教授找了五位学生穿上不同图案的T恤，在他们走进教室之前，先对穿T恤的学生做了调查。

他们认为至少会有50%的同学注意到衣服上的不同图案。可是通过采访其他同学得出：大约只有23%的人注意到衣服上的特别图案。

吉洛维奇教授把这个实验的结果总结为“焦点效应”。

把焦点效应放在我们生活中，其实也就是说：

我们总会把自己的一些特点过于放大化，认为此时的自己仿佛成了大家的关注点，感觉全场的焦点聚集在自己身上，让我们不由得心里开始抵触当下这个环境，并且行为上也会显得特别扭捏。

用我们常见的现象来比喻，可以这样理解，当你买了一件新衣服，穿上之后你会不停地去照镜子，走在街上，每当别人看你，你就觉得他可能是打量你，评论你的衣品。

这时你心里就会产生很多想法，他觉得是好看呢，还是不好看呢？

可是你不知道的是，街上的路人可能只是习惯性地瞥了你一眼。

哪有人拿着放大镜生活，去观察别人，大多是自己在胡思乱想而已。

……03

如开头提到的那位高中老师所说，现在的我，的确变化了很多。

我加入了许许多多的社团，可是谁也不知道，在成为这些社团真正的干事前，我足足面试了五六次。

中间有过退缩，有过害怕，也有过不自信，我总感觉站在众人面前发言太可怕了。

可还是凭借着一丁点勇气，推着自己前进。

当然也很幸运，最后三个部门，我都面试成功了。

上大学后，我打过辩论赛，参加过演讲比赛，也成为过社团例会的主持人，在学校广播站当过电台主播。

对学长学姐进行过校园活动的访谈任务，在学校路上发起过街采，甚至也参加了营销比赛，去向别人卖产品……

我努力地尝试了许许多多需要在众人面前发言，需要与人交流沟通的活动。

我发现其实真的没有那么多人会注意到你，与人相处不过也只是那一瞬间的事情。

完成后，又有谁还记得你说过什么奇怪的话，做过什么尴尬的事情呢。

只有当你自己过于在意自己，认为别人也在意你时，所表现出来的那种扭捏感，才更会让别人印象深刻，让人感觉到莫名的奇怪和别扭。

写在最后：

如果你和以前的我一样，不敢在众人面前举手发言，不喜欢参加公众活动，不妨鼓起勇气尝试一次吧。

有时候你真的只缺少一丁点的勇气。

慢慢地，你会发觉只要你平和地讲出想说的，无论是好是坏，过几天你会忘记这件事情，别人也不会再提起。

我听过这样一句话，乍一看蛮可悲的，但我们确实需要去接受。

“很遗憾，在这个世界上，其实没那么多人真正在乎你。”

很多时候不过是我们自己把自己的恐惧放大，让自己躲在巨大阴影里畏缩不前。

每个人都在为自己的生活忙碌。

你真的没有那么多观众。

勇敢去做那个不讨喜的姑娘吧

淇玥

—— 1

很长一段时间，我都无法界定，自己的性格到底算内向还是外向。

后来，我才学会不拿这两个词衡量自己、束缚自己。

我在熟人面前活泼开朗、毫无形象，在网络世界中，更是言语犀利，段子频出。

可在初次见面、不熟悉的人们眼中，我却沉默寡言，不善交际。

只要在陌生的场合，和陌生人，甚至和极少见面的长辈交谈，我就会变得表情呆滞、手足无措、无话可说。

“别的小孩子嘴都那么甜，你多跟人家学学。”妈妈对年幼的我说。

虽然我觉得，陪着那些爷爷奶奶、叔叔阿姨说话，不如在家听听故事，逗逗小猫，但别人家的孩子都能得到周围人的认可，我也想。

于是，下一次，遇见妈妈的同事，我憋了好久才嗫嚅出一声“阿姨”。

可也许是我声音太小，对方只顾着和人说话，并没听见我叫她，我忍不住委屈，放声大哭起来。

这件事，直接导致日后我见到陌生人时，表现得更加无措。

课堂上，明明问题的答案成竹在胸，我却迟迟不敢举手。

回到家，邻居小孩一起玩，而我躲在家中看电视。

—— 2

住校后，学校组织的朗诵比赛我跃跃欲试，最终因为胆怯台下人的目光，而放弃比赛……

在生人面前我畏缩，可越畏缩，越会有人用奇怪的眼光打量我，越会有人用刻意压低的话语议论我，渐渐地，我学会拿出冷漠作为自己的保护色。

逢年过节才能见上一面的七大姑八大姨，对我的评价基本一致，“不讨喜，看起来有点暮气昭昭”，可亲人、朋友却都称我为“话痨晚期”。

就这样，我顶着两副截然不同的面孔，游走于人群之中。

与熟人、网友聊天最大的共同特点是轻松。

前者是因为彼此了解，所以可以卸下伪装，坦诚相待，而后者相隔千里，又隐藏在屏幕之后，即使自己面目狰狞、泪流满面，对方也无从得知。

我们互相倾诉，互相倾听，做对方的树洞，却素不相识。

合则聚，不合则散。

甚至，连话也不必说，只要自己想，就可以写一篇长长的文章，来表达一个小众的观点，讲述一个荒诞的故事。

有人看自然好，没人看就当自嗨了。

因此，我有了两副面孔，一副安静、寡言、腼腆，而另一副口若悬河、自信大方。

—— 3

“除了现实生活，你的内心好像有另一个世界，一个寄托着你精神的世界。”第一个和我说这话的，是我闺蜜。

说这话时，我们的关系，已经到了可以在一个碗里吃饭的程度。

摘自公众号“六子尧”

她看过我的朋友圈，我们还互关了贴吧，我也向她吐露了自己有些社交恐惧的心声。

听了我的话，她说："其实我也是，和长辈说话，几乎等于鸡同鸭讲，在陌生人面前，也是大写的尴尬，有时候急着出门穿反了衣服，别人一笑，我就想哭。"

在她的身上，我似乎看到了自己的影子。

可是，所有的熟人，最初不都是陌生人吗？

我试图改变，比如在陌生的街道上，拦住行人问路。

可他们漠视地走开，就像踩在了我心上。

是谁说"最难的是第一步"，可我迈出了第一步、第二步、第三步以后，还是觉得难。

"算了吧，总不可能所有的人，都拥有一样的性格。"我这样安慰自己，终于不再硬着头皮折腾。

"像我们这样的人，也许不止千千万。用拿来社交的时间，其实可以做很多事情了。"

是啊，我们害怕尴尬，讨厌无止境的喋喋不休。

我们在惶惑中，小心翼翼地寻找着志同道合的伙伴，并时刻准备着：一旦感受到对方的不善，就立即逃离。

我们感情丰富，只是不敢外露，生怕被人说是"矫情"。

—— 4

我们其实真的可以拿自己的时间做很多事情，比如读书，比如旅行，比如网恋。

提到网恋，我总觉得，自己和男朋友就像网友，尽管我们实际上是同班同学。

大一开学一个多月，除了我的室友，班上的人我都没认识几个，兴致勃勃报的那些社团，也几乎没去几次。

中秋节，同班同学组织了聚餐，于是我也就去了。

就是那次聚餐结束，我才通过班级群，加了未来男友的微信，而加微信的原因，是还我的那一份聚餐钱。

一加上微信，可就变成了我的主战场。

餐桌上，我听说他耳朵很好，于是存心戏弄。

我捏着嗓子，用尖细而做作的声音给他发语音："猜猜我是谁？"

我们就从那天开始聊微信。

在微信上，我给他分享自己写的文章，他给我推荐好听的歌曲和广播剧，有时，我们也会八卦一下班上有故事的男女同学。

但我不确定，我们算不算是朋友，因为每次上课，彼此座位离得很远，一下课我就钻回宿舍去了，线下几乎没说过几句话。

—— 5

直到大三，他开始追我，我仍然稀里糊涂的。

"所有的熟人最初都是陌生人，所以，我是不是应该学着主动一点？"我喃喃，"她们说主动才会有故事。"

"也没见你对我主动啊。"男友不满。

"我的意思是，主动是不是意味着更多可能性？"

"什么可能性？是和更多小哥哥谈恋爱的可能性吗？"他蛮不讲理。

"这都哪儿跟哪儿啊！"我急得跳脚。

见我真的急了，他才正色道："其实，做最真实的自己就好了，没必要强求改变。"

"做最真实的自己，"我有些激动，"我真的可以吗？"

"当然可以啊。"他点头，"只要主动，我们就有故事，所以，我愿意成为我们之间最先主动的那个。"

有时候我会想，如果我是个和谁都能自来熟的、讨喜的女孩子，那么，我的人生会是怎样的？现在又会在哪里？在做什么呢？

也许，我的写作时间，更多被社交占用，也许，我会有另一个截然不同的闺蜜，提前遇到另一个男生，然后，那个男生会成为我的男友。

我不敢再想下去，只因我爱我现在的生活和我身边的人。

我们总是"这山望着那山高"，殊不知"一方水土养一方人"，命运早已给我们安排了最适合自己的人生风景。

"勇敢去做那个不讨喜的姑娘吧，你要知道，在爱你的人眼中，你永远是最可爱的那个！"这是男友告诉我的，现在，我也把它送给和我有着同样困惑的你们。

的脂肪。我最怕上体育课，害怕自己在跑步时将迟缓又愚蠢的姿态暴露在众人面前。家人谈及我的肥胖时也毫不忌讳，表弟甚至不再叫我“姐姐”，而直呼我为“小粗腿”。

然而，再丑的丑小鸭也会藏着一个变成白天鹅的梦想，变美的渴望在我心底悄悄萌芽了。

于是，我每天只吃一顿饭，省下餐费买了劣质的唇彩和睫毛膏，偷偷藏在课桌里，每天趁午休时给自己化妆。可没过多久，嘴唇就因过敏而变得鲜红肿胀，眼睛也因为睫毛膏没卸干净而时常干痒难受。

但最严重的后果还是节食导致的严重营养不良，有好几次课间操，我都因血糖偏低、体力不支而晕了过去。

但我不管不顾，在对变美的憧憬面前，健康简直不值一提。当时班里有个同学姓姚，成绩倒数，但非常漂亮。高挑的个子、白皙的皮肤、标致的五官，让她走到哪里都能成为焦点。

我和姚同学关系不错，她常分享一些美容小窍门给我，但这段友情很快就被我妈妈和班主任终止了。在他们眼中，优等生不能和差生交朋友，臭美的女孩一定会把好学生带向歧途。

尽管如此，没有女孩能抗拒变美的诱惑，就像春天无法抗拒花朵的绽放一样。

高二那年冬天，我鼓足勇气打了耳洞，想通过一些改变来增加自信，同时也用这带着痛感的小小仪式来迎接高三的到来。

打耳洞那天恰好是我妈的生日，我赶到举行生日宴会的饭店时她还没到。于是，我打电话给她，兴奋地告诉她我打了耳洞。

很快，我妈到了饭店，我笑着上前迎她，她却突然甩给我一记响亮的耳光！我捂着脸，耳朵“嗡嗡”作响，刚想张口解释，又一记耳光扇在了另一边脸上。我的委屈、愤怒汇聚成大颗大颗的泪珠，砸在了地上。我梗着脖子吼道：“你凭什么打我？我打耳洞怎么了？”她怒不可遏，穿着高跟鞋的脚狠狠踢在了我的小腿肚上，说：“你还在上学，打什么耳洞？不要脸！”

众目睽睽之下，我全身发抖，热血直往头上涌，连外套都没穿就冲到了饭店外的马路上。当时我真想一死了之。表弟追了过来，从我的身后死死抱住我，我一边挣扎一边哭喊，折腾得没了力气才任由他把我拖回饭店。

从那天起，我不断问自己：“爱美有错吗？‘容貌漂亮’与‘成绩优秀’一定是对立关系吗？女学生个个灰头土脸、面貌可憎，就都能考上重点大学吗？”答案是否定的。

……3

上大学时，我瘦了不少，皮肤也白了，但依然谈不上漂亮。大学期间，父母对我生活上的管束宽松了不少，但由于经济不独立，我在打扮自己时仍是束手束脚。

我第一次完全按照自己的想法打扮自己，是到北京工作拿到第一份工资后。

那时我的薪水很低，留出房租和伙食费，我用剩下的钱买了一盒眼影。那天，专柜的化妆师用柔软的刷子轻扫过我的脸颊、眉毛和眼睑，用柔润的唇膏涂抹我的双唇。整个过程我始终闭着眼睛，直到化妆师说“好了”，我才睁开眼。我仔细端详着镜中的自己：脸庞白皙红润，双眼因为眼线的勾勒而变得妩媚动人，塌陷的鼻梁在修脸粉的作用下挺拔起来。那一刻，恍然如梦。

从那以后，我迷上了各种化妆术。名牌衣服和化妆品堆满了出租屋。那时我每个月的工资是 5 000 元，但买 2 000 元一双的鞋子时，我的眼睛都不眨一下。我每晚都要精心搭配第二天的衣服，每天早起一小时化妆。很多次睡过了头，宁可迟到被扣工资，我也绝不允许自己素面朝天出门。

终于开始有人说我漂亮了，我得意忘形，却贪心不足。我恨我的大粗腿和肚子上的赘肉。于是，我开始选择一种极端的方式来重塑身材，那就是催吐。我经常用各种美食把自己撑到心慌气短，再去厕所吐得昏天黑地。

由于长期催吐，我患上了营养不良和焦虑症，身体和心理的双重痛苦折磨着我。直到有一天，我惊恐地发现，再好的粉底都无法提亮我黯淡的肤色，再贵重的眼影都不能修饰我眼睛里的疲惫和空洞。

我的情绪终于崩溃了，只好求助于心理咨询师。他建议我记日记，以缓解焦虑。我从小就对读书、写作有兴趣，加之上大学时读的是中文系，因此我很轻松地就接受了这一建议。但真正让我决心以笔为桨划破生活中的晦暗的，是大学写作课老师的去世。

赵雨老师，四十出头，喜欢在课堂上抛出有关诗歌、人生、艺术等的宏大命题，启发学生思考和想象。有一次，赵雨老师给我的一篇散文作业打了极高的分数，他称赞我有天分，希望我别浪费才华，要把写作当成一项事业完成。得到如此评价的我虚荣心爆棚，把老师的教诲当成了炫耀才华的徽章，但认真写作的事却被我抛在脑后了。

听说老师辞世的那天，我哭了很久很久。与其说是哀悼老师，不如说是在哀悼被我荒废的人生。哭够了，我从床上爬起来，给自己做了一顿丰盛的晚餐。我决心认真对待自己的身体和生活。

从那以后，我给自己制定了详细的读书写作计划。我每晚不再挖空心思想着怎么搭配衣服，让自己看起来像个模特，而是让文史哲的永恒之光照亮我的头脑。我开始不再抗拒连续两天穿同一套衣服出门，也鼓起勇气素面示人。

……❹

虽然写作缓解了我的抑郁和焦虑，但我对容貌根深蒂固的自卑感，仍像一颗休眠的种子，一不小心就破土而出。

刚和男朋友麦师傅在一起的时候，他说他是被我的“才华”与“气质”吸引。我心中颇有不满，暗暗将其解读成：颜值不够，便只能靠才华和气质来凑。

与麦师傅交往后不久，我从朋友那里得知，麦师傅曾有一任交往多年的女友，外貌极美，酷似玛丽昂·歌迪亚。这则小道消息引爆了我深藏的自卑感，成了我们后来多次争吵的根源。

那段时间，我萌生了整容的想法，想通过手术彻底改变自己。然而吊诡的是，掐灭我整容愿望的，恰恰就是我妈对整容的热衷。

我工作的第 4 年，妈妈满 50 岁了。尽管在同龄人中她仍相貌出众，但岁月还是无情地在她脸上留下了印记。一向不太关注外表的她，终于开始恐惧容颜不再。

她瞒着我爸走访了很多知名的微整形医生，不但收集了许多有关自己脸部问题的整形建议，还顺便把我的照片也拿给专家们咨询。她说：“医生说你最大的缺点就是鼻子，如果能把鼻子整一下，整张脸都会漂亮不少。”她甚至还偷偷帮我存了一笔“整容基金”。

我未尝没有心动过，但对比小时候妈妈频频教育我的“心灵美”，我更多地感到了一种荒谬与可悲。

“我不整容！”我斩钉截铁地说，这句话不光是对她，也是对我自己说的，这是我 20 多年来第一次与自己的“容貌焦虑症”正面宣战：“我觉得我现在这样挺好的。”是的，我现在这样挺好的，虽然不够漂亮，但在走了无数弯路后，收获了逐渐清醒的头脑和一个明朗的人生方向。

我承认美貌的确会带来一些机遇，可一旦认定漂亮脸蛋与更好的工作、更好的爱情以及更好的人生之间存在必然的因果联系，那就是对我的自尊心与寒窗苦读的亵渎。尤其在读了波伏娃的《第二性》后，我更加确信自己对美貌的渴求不仅源于童年的伤痕，也是我不经意间向男权社会单一审美取向的妥协。

更何况，我深知自己内心不够强大，未必抗拒得了整容成瘾症，也许垫了鼻子后还想要割双眼皮、削尖下巴、丰胸……最终又会像催吐减肥一样让自己陷入一个恶性循环。

整容不能平复内心的创伤，直面自己的平凡才是真正治愈内心的良药。

是啊，我自卑

✲ Celia

01

光打出这个标题就花了我半个小时。

对我而言，要如此坦诚地说出“我自卑”这三个字真的太难了，因为我一直觉得这是一个无解的命题，自卑伴随了我这么多年，真是一不留神它就兴风作浪，管都管不牢。但仔细想想，不仅我，全天下人好像都自卑。

“我脸上有很多痘痘，讲话时都不敢抬起脸看对方。”

“我已经很努力在学了，可是无论怎样都比不过别人，他们好像很轻松就能做好，我怎么这么笨。”

“我父母总跟我说家里供你读书已经尽力了，让我花钱省点，朋友邀请我聚餐，我都说没空。”

“我的腿真的好粗，夏天根本不敢穿裙子，要能瘦一点就好了。”

……

前两天收到一封私信，姑娘说觉得自己是特殊的女孩子，因为她的手脚每天都会出很多汗，时时刻刻都像刚洗过手，夏天也穿不来漂亮的凉鞋。

她不敢和男生靠得太近，不敢恋爱，因为怕对方一牵她的手就会被她的手汗恶心到。就这样硬生生错过了几个挺不错的男孩子。她问我，会不会再也没法和人恋爱了。

刚看到的时候我特别惊讶，因为这样的理由不敢恋爱是不是有些紧张过度了。但突然又特别理解她，这些她心中隐秘的、不足为人道的小缺憾，在别人看来无关痛痒，但对每个当事人而言，都是要用手紧紧捂住的疤。

我想到初中时班上有个女生特别矮，朋友们老拿她的身高打趣，她也咋咋呼呼扑上来反击，并没人觉得不妥，有一天故伎重演，她呆了一会儿，突然就哭了。

她缩着肩膀哭的时候更矮了，我们尴尬地看着她的头顶，这种情绪一旦被暴露出来，才明白以往的冒犯有多深。

有时候我们感觉不到痛，只是因为我们不是那个人。

02

上次发的旅行照片收到一条评论，说你的手臂真是光滑如玉。我突然就愣住了。

天知道，我从小汗毛特别重，手上腿上都毛茸茸的，小学时候班上同学都笑话我是长毛怪。有别的小朋友也长汗毛，但是他们一旦被嘲笑，就会指着我说，看XX的汗毛比我长。

我莫名其妙当了很多年的靶子，更无辜的是，我为自己的样子感到极度羞耻。哪怕是在夏季酷热的教室里，我也不愿意脱掉长袖校服，活生生闷得满脸通红。

终于熬啊熬过了那个周围人都口不遮掩的年纪，即便有时被别人看到，只要不点破，还是能相安无事的。可是有一天和班上一个同学发生口角，他突然指着我的手臂说，你这个丑八怪凶什么凶。

如果放现在，我有一万句话可以就地顶回去，你凭什么利用我与生俱来的部分羞辱我？你凭什么因为我和别人不同就判定这是我的错？你凭什么用拙劣的人身攻击来掩盖自身的无知？你凭什么理直气壮地没教养？

可是那个当下，那个我不知道世界上存在脱毛蜡纸，存在激光手术的当下，我像一个瘪掉的气球，涨红着脸一言不发。

我妈从来不让我自己剃毛，她说会越长越长的，别管它就好了。高中毕业时我提出想做手术弄掉，被我妈一口回绝，那时她一边快步往前走一边笑着说，弄掉干嘛啦，这样不是蛮好的，不要老想这个事情。

就在这个轻描淡写的回复之后，我站在停车场旁边的林荫道上，像有病一样爆炸了，我哭得语无伦次，我说你根本不懂，你根本不知道我有多难过。

03

前两天在帮一个美国出差回来的朋友倒时差，不知怎么就说起她中学时读的私立学校，家长托关系塞了钱才把她送进去，耳提面命让她努力读书。

班上的同学都家境优越，下了课大家围在一起讨论最新的电子产品，明星演唱会，她都默默避开，坐在座位上假装看书，生怕被别人冷不防问到。于是大家背地里都说她高冷。

有时候自卑反而会让人变得很自傲，因为太胆怯了，怕只要自己一出声，穷酸相就会暴露无遗，于是只好摆出完全不稀罕的架势。

那时她妈为了让她节约时间，每天骑电瓶车带她上学，一到离学校远一点的那个街口，她都硬扯着她妈的袖子让她停下，然后自己走过去。

校门口停满了接送小孩的私家车，同学们从车上下来和她打招呼，然后她像一个幸存者一样和他们一起大步走进校门。这是每一个平凡的早晨在她身上反复上演的故事。

在这样战战兢兢的背后，可能还有无数窘迫的瞬间，永远在为经济问题争吵的父母，那些连空调也不敢开的夏天，餐桌上永远不成对的筷子，超市里特价买一送一的图样尴尬的T恤，偷偷存钱买来却谎称是朋友送的小饰品。

家长们永远不会明白一个小女孩的自尊心，永远不会明白这样东躲西藏生怕露馅的骄傲，他们只觉得有时间在乎这种虚头巴脑的东西，不如好好读书出人头地。

讲到这里她突然笑了，说不提这个，这一季蔻依那只蓝色麂皮好灵的，你去米兰时给我带一只回来嘛。

看她讲起前尘往事时斟酌着挑选形容词的样子，我想在被生活追赶了多年之后，她可能需要很多很多钱，去填年少贫穷的那个缺。

04

童年时班上总有一个又黑又胖的姑娘是所有人欺负的对象，她们的存在让围观群众感到安全，呵，幸好不是我。这种原始的霸权和侥幸是没有规则可言的，那些不知轻重的欺辱可能是一个人一生的阴影。

说实话，我认识的所有胖姑娘都有些敏感，因为当下的审美狭窄得只容得下瘦子。仿佛只要你是一个胖子，你的性格和涵养都无关紧要，你没有观点，也不会被重视。

喜欢的衣服刚套上，一照镜子又急急忙忙脱下来；走在路上看到苗条好看的女孩子，就把脸埋下去，怕多看一眼，羡慕和自卑的神情就会溢出来；你少吃一点，别人就会戏谑地调侃，你减肥啊，要是你多吃一点，别人眼里的嫌弃根本藏也藏不住，这么胖还吃啊。

没人有耐心听你的抱怨，你的所有矫情都像在作怪。于是你只好迎合所有的话题，换上没心没肺的外壳，把自卑越埋越深。

因为无论你多有趣，多有才华，在别人眼里始终是“哦，那个胖子啊”。

别问我怎么知道的，我胖过。

更悲哀的是，当我们喜欢上一个人，这种自卑就会变成双倍的。他越好，你越胆小。你身上所有的赘肉都像是定时炸弹，猝不及防被看上一眼，都会炸得血肉模糊。

我现在这么喜欢躺着，就是因为从前胖的时候白天不敢出门，怕遇见熟人，怕本该是美好的不期而遇，最终都变成视而不见。他不是在歧视你，而是他根本就看不见你，你和这世上千千万万个胖子一样，内心炽热，长相模糊。

其实没人真的觉得胖子不配拥有爱情，但是要真把爱情放在你面前，你敢拿吗？

当然大家都安慰你说，你瘦了肯定好看，肯定有人追你，可是你依然可以感觉得到他们语气里的庆幸感，呵，幸好不是我。

05

我没办法列举这个世界上千奇百怪的自卑的理由，但我可以肯定地说，人生中所有的低谷几乎都绕不开两件事：不够美，不够强。

不去寻求改变，才是自卑的根源。克服自卑的唯一办法就是，快快长大。

越快越好，变成美丽的人，变成强大的人，变成自己在深夜里幻想过无数次的样子，变成良性循环的人生。

我是一个很肤浅的人，很难参透那种历经沧海桑田世事沉浮后的内心宁静，世上哪有这么多刀枪不入的灵魂，能轻易抵挡外界的暴击。

脆弱的普通人，只能走最实在的路。有一个以不变应万变的方法，就是把武器牢牢抓在手里，你的怯弱生长在哪里，你就把哪里割开，让它流血，让它接受阳光。

如果因为外表自卑，那就去运动，去护肤，去化妆，去整容，去用一切方法让自己变美，怎么折腾怎么来，先抬起脸，再谈内心。

如果因为家境而自卑，那就去好好工作，去赚钱，想尽一切办法去积累财富，能为自己买单，就有一天能赎回尊严。

如果你是因为内在自卑，那就去读书，去旅行，去社交，去尝试一切可能，让自己丰富起来，让自己有话可说，有路可走。

其实最大的障碍不是自己，是这世上总有一些甘心活在泥淖里的人，他们会千方百计拐弯抹角告诉你，脸是原装的自然，不化妆的女孩才清纯，拼命敛财太暴露野心，读这么多书有什么用。

如果你一时间被这些指指点点吓到，就很难从庸众的框架里抽身出来，然后有一天你会发现自己变成他们中的一员，心存不甘和畏惧，害怕被别人的优秀影射到，全身上下都是痛点，经不住别人轻轻一戳。

人生的任何阶段，改变都不是一件羞耻的事情，因为变成天鹅的那一刻，周围会无与伦比的安静，所有自信的人，都是轻松自在的。

为什么我口口声声支持多元化，却还是希望每个人都能变得符合世俗定义的好。因为一个特立独行的人身上背的担子太重，重到他很难匀出精力来喜爱自己。我们没法去要求一个人全盘接受现状，保持良好心态，不卑不亢不虚荣，这都是神话。

心态的背后是能力，眼界，环境资源和经验赋予的安全感，要求一个从没得到过肯定的人调整心态，既莽撞又无效。

与其接受当下勉勉强强的自己，不如接受一个更好的自己。

和朋友出去吃饭，说到小时候被嘲笑汗毛长的事情，她疑惑地看我一眼，“你以前手上有毛吗？”看吧，在你们心里惊涛骇浪的不安和恐惧，别人根本不会记得。没人会拿过去的事情百般要挟，你当下的样子，就是你全部的筹码，和理直气壮的勇气。

等到那一天，你就可以松口气说，反正现在好了。

青春若有双不合脚的鞋

✽刘凯璐

整理家具的时候，我在角落里找到了一个旧旧的许愿盒，里面只有一张泛黄的纸，上面画满了各种各样的鞋子，高跟鞋、球鞋、靴子……旁边用稚嫩的笔触一笔一画地写着："等我长大了，我一定要买好多好多的鞋子。"

忽然想起，从前的我对一双合脚的鞋子是多么渴望。

我是留守儿童，从小父母就不在身边，我是跟着奶奶长大的。奶奶怕我早恋，总是拿家里亲戚们的旧衣服给我穿。老人家又节约惯了，图省钱省事，总是会让我穿大好几码的鞋子。奶奶对我说，小孩子长得快，老是换鞋没有必要，这样一双鞋子可以穿得更久一点。

于是，从个位数的年纪，我便穿着大许多的鞋子，它们对于严重营养不良的我来说，简直大得出奇。初中开学第一天我就很不幸地遭到了女孩子好奇的询问："你看起来这么小一只，为什么你的鞋子那么大呀？"我无力地争辩道："因为我以后会长得很高。"

我最怕的就是跑操和体育课，那个穿着带着破旧线头的衣服，拖着过大鞋子的我总是会很自卑地躲起来。可是，每当迫不得已要跑步的时候，我多么担心我的鞋子会跑掉。但是，并没有因为我害怕，这样的事情就不会发生。

一次跳远的时候，我还在做预备动作，我的鞋忽然先我一步"飞"了出去，在沙坑里扬起了一些沙尘，那些沙尘忽然变得尖锐，扑打到我脸上，拍得我脸颊上火辣辣的。同学们毫不留情地爆发出一阵大笑，我极为窘迫地单只脚站在原地，恨不得马上变成一只鸵鸟，把头埋到厚厚的沙子里面去。

为了避免再闹出这样的事，我只好穿上厚厚的袜子，在鞋后跟里塞满报纸，或者拿胶布粘上。

阳光灿烂的午后，女孩们在操场拉开长长的皮筋，那是女孩们最喜欢玩的游戏："小皮鞋，用脚踢，马兰开花二十一……"她们穿着好看的鞋子，在阳光下灵活地翻飞跳跃，身姿轻盈犹如灵动的蝴蝶。我从来没有参与过这些游戏，总在一旁羡慕地遥遥观望，穿着不合时宜的鞋子，在阴影里站成不合时宜的静寂。

大抵是我的目光太过渴望，那些女孩子偶尔会对我投来好奇的目光，往我的方向走来，欲言又止，我低下头看了看脚下破旧的鞋子，落荒而逃。

同桌是不屑于参与这种对她来说已经是很幼稚的游戏。她安慰我说，没关系的，快长大，鞋子总有一天会合脚的。我只

是无奈地耸了耸肩，她哪里会懂得我的窘迫。她是独生子女，父母都在身边，她有好多好漂亮的各式各样的鞋子，还会根据衣服每天搭配不同色系的鞋子。她不知道，我有多么羡慕她。

我无数次跟奶奶提起，我多么想要一双合脚的鞋子。可奶奶总告诉我，我会成长得很快，很快鞋子就会合脚了，然后转眼就把我的话忘干净，依旧给我买大码的鞋子。

后来奶奶很高兴地告诉我，爸妈在国外给我带回来一双很好看的鞋子，可是它们仍然是 37 码，不是我的尺码。我气急败坏，把那双鞋子丢到了角落，重新穿上塞了报纸的旧鞋子。

我也想如他们说的那样，快点长大，那些鞋子就会变得合脚。我喝了很多牛奶，每天都去跑步，晒太阳，用尽了长高的偏方。我一直幻想着，一个暑假过去，我的身高就会蹿到一米六五，某一天穿上鞋子的时候会忽然发现它们变得合脚。

可事实是，我的成长停留在那个暑假，停留在 35 码。那双不合脚的鞋，被我穿了好久好久，陪伴了我每一场奔跑。可是，中考的体测很快就要到了，我多么怕，那双过大的鞋子会让我跑不快。

体测迫在眉睫，班主任趁着体育课把我单独叫到了办公室，给我拿了一双崭新的球鞋，她很不好意思地对我说，最近我的进步很大，这是学校的奖励。

是 35 码的球鞋。

我忽然抑制不住地号啕大哭，老师顿时被我吓得六神无主，只能不断帮我擦去涌上来的泪水。她大概以为，我是喜极而泣。可她哪里知道呢，她拿出鞋的瞬间我就明白了所有。哪儿有什么奖励呢，大概是老师看我灰头土脸的样子，想象我是个家境贫寒的孩子，为我准备了一双刚好的球鞋。我怎么也想不到，我期盼已久的第一双合脚的球鞋，竟然以这种方式到来。

我拒绝了老师的好意，固执地穿着那鞋不合脚的鞋子，一直到初中毕业。

没想到，我考上了当地最好的高中，中考成绩在县里都是名列前茅。我拿着学校的奖金给自己买了一双舒适的小白鞋。我也不再像从前那样，低着头匆匆赶路，第一次仰起头，蹦蹦跳跳地走进了高中。

奶奶好像明白，我已经长大了。比起鞋子后空余的留下来的无限长大的可能性，我更需要的是一双合脚的鞋子。现在，我终于可以选择舒适的鞋子，我终于可以像从前想象过无数次的那样，在刚刚好的年纪，穿着刚刚好的鞋子，在阳光下放肆地奔跑。

一次在外面散步的时候，我遇到了多年不见的同桌。我们寒暄了许久，她忽然对我眨眨眼睛，告诉了我一个秘密。

青春期来临后，她的脚忽然变得好大，直逼男孩子的码数，因为不想被人嘲笑脚大，她每次都要费心挤进小码的鞋子。即便她有很多好看的鞋子，但它们并不合脚，每次回到家里她的脚总会伤痕累累，贴满了创可贴。这件事，甚至连她的爸妈都不知道。

原来，让我羡慕了那么多年的同桌也曾有过类似的经历。我很释然地微笑，眼角闪过泪，我似乎能看到，截然不同的两个女孩，一个拖着过大的鞋子低着头匆匆穿过操场，夕阳把她落寞的背影拉得好长；而那个穿着小码鞋子的女孩，扬起头一瘸一拐地朝着夕阳走去。夕阳把余晖揉碎在夜色里，一片朦胧当中我看不清她们的模样，可我还是看清了她们的脸上都有着相似的倔强表情。

同桌说，她现在已经成为一个很不错的舞者。尽管她的舞鞋总是要比别人大出好多，甚至还会招来异样的眼光，可这一点也不妨碍，她起舞的时候，台下所有的掌声和鲜花。

“小皮鞋，用脚踢，马兰开花二十一……”

我想起从前，因为那双不合脚的鞋子，我总是责怪自己成长得不够快。因为怕被嘲笑而选择独来独往，不敢交朋友。现在才明白，那些向我走来的女孩们是想要邀请我一起参加游戏吧。

似乎很多时候，青春好像是一双怎么也不合脚的鞋，即使在当时我们曾那么渴望一双舒适合脚的鞋子。因为那双并不合脚的鞋子，我们失去过很多东西，失去了在操场上肆意奔跑的明媚，失去过在阳光下游戏的雀跃，错过了那个年纪本该绽放的笑颜。

不是没有过遗憾，只是长大后才发现，即使是穿着不合脚的鞋子，我们也跌跌撞撞、一瘸一拐地走过了很远很远……

一个人能使自己成为自己，比什么都重要

✲老　妖

我一直都知道自己不漂亮，但是，从未像高中时那样，深刻而直接地感受到自己的不漂亮。

小学在村里，初中在镇上，大家的家庭条件差距不大，我成绩好，老师也宠着，我在同学中间颇受欢迎。而且那时候年纪小，都是小孩子之间玩闹，还没有多少男女有别的意识，也没有人直接评价我的长相。至少，没人当着我的面，说我长得丑。

村里的女孩，拼了命考进县城里的省重点高中，以为等待自己的是无数青春小说里出现过的浪漫场景——阳光，校园，树林，书本，还有隔壁班会打篮球的、好看的男孩。但等真正进了高中，乡村里走出来的我才发现，在这个环境里，自己显得那么窘迫、尴尬，与周围的一切格格不入。

因为家境和眼界的差别，班里同学讨论的很多事物，我完全不知道。

那时候，我家只有一台小电视，架起天线只能搜出3个台，到了阴雨天，还接收不到信号。我不认识他们每天讨论的明星，也没有手机，除了在学校里的计算机课堂上，我从来没上过网。在高中毕业之前，我连QQ号都没有。

同学们穿的那些衣服的牌子，我也不认识，更不知道品牌之间的区别。我的衣服，都是在农贸市场楼上的义乌商场买的，十几块钱一件的T恤、三十多块钱一条的裤子，洗几次就会褪色、起球、变形。这样的衣服穿在身上，我的贫穷是一眼可见的。

尽管如此，我之前从来没有因为自己的贫穷和不漂亮自卑过。然而，当周围的人对你的态度处处都透露出他们能看到你的贫穷和不漂亮时，你就会不可避免地自卑起来。

有男同学在我上课站起来回答问题的时候，发出莫名其妙的笑声，带着几分讥诮，几分不屑，几分凑热闹。

也有同学，故意用我能听到的声音在我背后“窃窃私语”：“你看她，怎么会长得这么难看？别的女孩子难看，顶多是一两个地方难看，她怎么会眼睛、鼻子、嘴巴、脸型，全都长得不好看！好可怜啊，女孩长成这样，以后谁会喜欢她啊？”

听到这些话，我只能假装没有听到，把头低下来，低一点儿，再低一点儿，然后忍不住掉下眼泪。

自卑的感觉与日俱增，如果说别人的青春是明

这样她心中一直有一种不甘。终于，释放出来了。

人为什么总是如此呢？可能因为我们长大了，也被现实磨平棱角了。

虽说小九决定考研了，但她依旧做着现在的工作，我能感觉到她多少有些不舍。

小时候，大家都犹豫着上清华还是上北大，慢慢地，可能降到了随便一所 985、211，现实是，可能去了一所普通的大学。

高中时，大家都觉得自己有无限可能，绝不会回自己的这个小地方，现实是，回到这个熟悉的地方真好；都觉得公务员挣得少，且一眼就能望到头，看不上，现实是，考上真香。

就这样，大家都被现实磨光了棱角，转变了看法，调转了方向，尽管心中依旧有一丝不甘。

我们最开始都想遵从天性，尊重性格，但最终不免要臣服于现实。

04

但其实回过头来想一想，尽管羡慕着别人，事业这座城的城里城外，每一个人都在努力做着自己的事情。

小九问过我："如果咱们的生活可以互换，你愿意吗？"

"不愿意。"

"如果可以重新选择，你工作还是读研？"

"读研。"

再一次选择，可能依旧还会有当时的执着。

小九羡慕我们，但是她还是依旧按部就班地上班，干着自己的事情。为自己心中的那一点点光，准备着。

我们羡慕小九，但是我们每天依旧围着自己的论文打转，想尽办法充实自己，以便顺利毕业，找一份满意的工作，步入社会。

仔细看看，小九在体制内很好；我继续读研也很好。

既定的现实，我们不能去改变，为什么不去专注于自身呢？不要总在乎自己没什么，要多看看自己有什么。

开学研三了，周围有的同学想留在北京就选择在北京实习，有的忙着考公，有的忙着发论文申博，有的忙着兼职赚钱。

每个人都在自己的轨道里慢慢前进。

我，每天上午按部就班地写着我的毕业论文，解决好目前的主要矛盾，为毕业打一个坚实的基础。下午听考公的课，刷题，为找工作做一定的准备。晚上看书，看电影，打卡，保证一定的输入和输出。

做着踏实的准备，保证自身有实力，我总觉得自己的未来有无限可能。

始终相信明年会顺利毕业，相信明年会找到自己满意的工作，相信我会生活得更好。

想清楚自己所处的状态，我再也不羡慕别人了。

因为每个人的生活都是独一无二的，我不想去别人的生活中给自己找参照物，当下所拥有的就是目前对我来说最好的。

再退一步说，其实，别人的幸福与我无关，别人的东西咱不可能强加在自己身上。既然如此，何必羡慕呢？光是过好自己就已经用了很大力气，哪还有心思去观摩别人呢？过好自己的生活就好。

生活中的我们每个人都在默默努力着，只是没有表现得那么明显，互相不联系的日子，大家都在努力过得更好。

你有你的自由，我有我的约束；你有你的车，我有我的房；你有你的工作，我有我的休闲。

如果没有汽车，想想骑自行车也可以走很远；如果没有赚很多钱，享受当下的安稳和闲散也未尝不好。

自己的人生，无关对错，坚持自己想做的，努力尝试过，走进或走出，冷暖自知。

后记

以前我确实容易羡慕别人，小时候羡慕别人玩具多，长大了羡慕别人工作好。

但是现在随着年龄的增长，自身的成熟，我才真正明白，其实我不必活在对别人的羡慕里，而忽略了身边的幸福。学会欣赏和喜欢我拥有的东西，而不是我没有的东西，我才能快乐。

不要羡慕别人的节奏，而丢了自己的幸福。

活在自己的世界里，感受着自己的幸福，我再也不羡慕别人了。

草莓鼻的孤独青春

✽李柏林

青春期的时候，我的鼻子突然多了一些小黑点。

但是那时的我，刚上高中，因为学业的繁重，并没有太在意。直到有一天，刚上完午自习，班里的周大成在讲台上擦黑板，突然，他拿起了一根粉笔。

他在黑板上画了一个圆，然后画了卡通的鼻子和眼睛，齐刘海，马尾辫，却在鼻子上用粉笔头狠狠地戳了几下。全班同学都笑了，指着我说，齐刘海，圆脸蛋，草莓鼻，一看就是我。

我的脸一下子红了，原来，所有人都知道我鼻子上有黑头。那时，我只知道黑头是毛孔里的垃圾，却不知道我为什么有。我想，大家笑话我，是因为觉得我是个不讲卫生的臭女孩吧，可是我明明每天都洗脸啊。

那么多同学都在笑，我却不敢说话，只得把头埋进了书中。

从那以后，周大成就被我拉进了黑名单。每次看到他，我总要恶狠狠地瞪两眼，就是他让我在全班同学面前出糗的。

他也好像察觉到我生气了。有一天下了课，他把一封信递到我面前，我很愤怒，难不成又用铅笔给我画了一幅画像吗？我直接把信扔在了地上，然后冲他发火："周大成，你真是坏透了，这辈子我都不想理你。"

全班同学都愣住了，后来，我们真的没有再说过话。

那时，在我的心里，说我有黑头的人，就是我的敌人。但是，我却在心里很发愁，我要如何去除那些黑头呢。如果它们长在耳朵上，额头上，我就可以用长长的刘海盖住，可是在鼻子上，永远那么显眼。

我想，肯定是我做值日的时候，教室的灰尘太大了，都钻进了我的皮肤里，所以，我要做好清洁。于是，每天早中晚，我都要拿肥皂洗脸，洗下一盆冒着白色泡沫的肥皂水。

那时候，学校不允许用修正液，所以我们会买胶带，把错误的内容用胶带粘住，再掌握好力度一撕，错误的字迹就掉了。我想，既然作业本上的垃圾可以被撕掉，那么我脸上的垃圾也可以被撕掉吧。于是，每次洗完脸后，我都要用胶带在脸上粘一粘，那粘在上面的小颗粒，我想总有黑头的身影。

可是，尽管我如此精细地洗脸，也不过是只管当时。没过几天，我的鼻子又会出现好几颗黑头。

我在镜子旁测试，距离二十厘米，可以看到鼻子上的黑头；距离五十厘米，鼻子上的黑头隐隐约约；一米的位置，鼻子上的黑头不那么明显了。

从那以后，我与身边的人都保持着一米的距离。如果别人靠近我，我会条件反射地退后，达到我理想的距离。而且说话的时候，我总是低着头，不敢去看别人的眼睛。我想，如果我低着头，鼻子上的黑头就不那么明显了吧。

那段时间，除了我的同桌阿紫，没人近距离地看过我。我也很少再跟同学说话，如果别人说我长得可爱，我就会在心中觉得他是周大成找的托，专门过来报复我的。

学校旁的精品店卖的有撕拉鼻贴，两块钱一袋，说是可以祛除黑头。其实就是强力的粘胶，贴上后，那些黑头确实被撕拉了下来。可是我的毛孔却变得很大，不出几天，那些黑头又开始在我的鼻子上安家了。

我只得不断重复着撕拉的动作。那时候，我像一只孤独的鸵鸟，看见人就藏起自己的头，等人走后，我就开始撕拉又撕拉。

在青春期里，我拼命地用学习来填满那些孤独的时光，他们说我是一个只会学习的怪人。其实每次走在回去的马路上，我也好想能有个女孩，和我一起在夕阳下打闹着回家，但是我不敢将一颗心交给别人，因为我害怕只是她青春的衬托。我也羡慕那些女孩子能收到情书，好像那才能证明一个女生的可爱，但是我不相信有男孩会喜欢我，即使有，我也觉得只是为了捉弄我。毕竟，哪会有一个男孩子喜欢草莓鼻呢？

高三的时候，周大成去学了美术，我们再也没有见过面。因为他的离开，往事也慢慢淡去，我也渐渐学会了与自己鼻子上的黑头和解。

毕业后的一天，我在路上碰到了阿紫，她没考上大学，说是准备出去打工了。我们坐在路边的长椅上聊天，她突然说了一句：“真羡慕你，成绩那么好，皮肤也那么好。”我一脸错愕地看着她，她撩开遮了半边脸的头发，我才看到，她的眼睛下面是密密麻麻的雀斑。

即使我们是同桌，我却从来没有认真看过她，其实我是怕她看到我的草莓鼻。我突然发现，她其实与我有同样的孤独，同桌三年，我们从未认真地看过彼此。

她说：“青春好烦哦，总会有一些不美好的事情，你看你，又白又有男生喜欢。”我连忙打断她的话，我可是从来没有收到情书的。她笑着说：“你还记得周大成吗？后来去学美术的那个。”

我点点头，她接着说道：“他在黑板上画的你，我们都觉得好可爱啊，可是你却生气了。你扔掉的那封信被我看到了，他说只是看到讲台下的你很可爱，所以才画下来，没想到伤害了你，他很抱歉。他以为你嫌她画得太丑，所以决定去学好美术。”

我不断地搜索记忆，想到我在发火时那个男孩的无措与尴尬，他在用他的方式告诉我，我有多可爱。但在我的眼里，他却是个只会戳我痛处的烦人精。

我才明白，从始至终，没有人说过草莓鼻有多么不好，也没有人说过那幅画有多么丑陋。草莓那么甜，草莓鼻凭什么就是贬义词呢？只是，那时敏感的我给自己贴了标签，然后推开所有人，让自己的青春越来越孤独。

你是什么牌子的奇葩？

✻好彩妹

摘自公众号“周知鱼”

①

你有自己的“标签”吗?

我有一位朋友，她常常自嘲是“社交恐惧症”，不喜欢与人打交道，公众场合总是缄口不言。

但以我这个旁观者来看，她绝算不上“社恐”，只是比起各种派对，更喜欢一个人静静读书而已。

可是渐渐地，我发现，她好像真的变成了她口中的那个“社恐人士”：朋友越来越少，拒绝任何邀请，甚至作为多年好友的我，都只能和她相对无言。

我惊讶于她的改变，她却一脸淡然地说：“我一直这样啊，社恐嘛。”

真奇怪，她好像遗忘了那个曾经与人轻松聊天、开心交谈的自己。

那时的我，不明白为什么她会有这样的转变。

后来，我通过阅读了解到，心理学上有一个名词叫作“标签效应”，它是指：当一个人被一种词语名称贴上标签时，他就会做出自我印象管理，使自己的行为与所贴的标签内容相一致，无论这种改变是好还是坏。

最具代表性的例子来自第二次世界大战期间，美国心理学家在招募的一批行为不良、纪律散漫、不听指挥的新士兵中做了一项实验：

让他们每人每月向家人写一封说自己在前线如何遵守纪律 、听从指挥、奋勇杀敌、立功受奖等内容的信。

结果，半年后这些士兵发生了很大的变化，他们真的像信上所说的那样去努力了。

这就是所谓的标签效应。

②

我无意指责我的朋友，因为当我开始回想起自己的青春期，我发现，似乎我也曾被某种标签束缚着。

高一的时候，某次生理卫生课，老师提问了一道在我看来人人都应该知道的生理常识，或许是出于青春期少男少女的羞涩，没有人愿意回答，我却“勇猛异常”地回答了问题。

从此以后，“女汉子”变成了我高中三年撕不下的标签。

拥有这个标签，一开始的我还很开心，因为这种无公害的标签让我受到了大家的欢迎。

但是后来，我渐渐地感受到了这个标签给我的不适。

比如，我必须拧开那个我真的拧不开的水瓶；气氛冷落的时候我一定要承担起那个活跃气氛的“扮丑”角色；整理刘海都会被人嘻嘻哈哈打趣；任何偏女孩子的行为在我身上似乎都不被允许。

更为可怕的是，我发现，自己真的在不由自主地向“女汉子”靠近：

每一次聊天，我都尽力地表现出我的幽默感，学着那些网络热梗去吐槽，行为举止也开始“装”了起来。

只不过，别人是装淑女，而我是装“洒脱”，我学着像男生那样去骂人，甚至我都不敢再穿裙子。

更难过的是，因为这个标签，我失去了向喜欢的男生表白的勇气。

一生只有一次的青春，明明成绩不差，样貌不丑，但每一次的认真都会被他人视为玩笑，而又有哪个男生的初恋会是人人口中的“女汉子”呢？

幸运的是，时间和空间帮我撕掉了这份标签。离开了高中，离开了同学，我的标签不再被人提起。

到了大学，从来没有同学认为我是“女汉子”。

甚至，他们觉得我“淑女”“文静”，当我第一次听到别人说我“安静”“内向”的时候，我的内心一度充满了震惊。

多奇怪啊，我还是那个我，我的本质并没有任何改变，可人们对我的看法却有如此惊人的翻天覆地的转变。

3

其实，不仅是我，不仅是她，在这样一个高速旋转的世界中，每一个人都有自己的标签。

想一想你自己，是否也曾经被这样的标签困扰呢？走在大街上的我们，就像是一个一个的罐头，小标签就贴在每个人的脑袋上。

打扮清纯的人叫作“森系女”；

醉心工作的叫作“女强人”；

退休后的阿姨叫“广场舞大妈”；

还有最近火爆网络的 MBTI 人格测试……

不仅现实生活，还有影视作品中，打开弹幕，会看到数不清的飘过的“渣男”“白莲花”……

这样的标签，完完全全禁锢了我们对一个人的全面认知。

它让我们的思维局限在了一点，明明对方身上有那么多的闪光点，明明剧情中有那么多值得讨论的地方，但是我们却视而不见，沉醉在自以为是的认知和批判中。

这样的标签，是在为自己共情能力的缺乏找借口：

你不理解她为什么哭，所以她是“作精”；

你不理解她为什么会牺牲自己帮助别人，所以她是“圣母”；

你不理解他为什么大男子主义，所以他是“渣男”……

太多太多，标签让我们的视野无比狭窄，看人视物永远宛如管中窥豹。

每个人都是多面体，喜剧演员难道就不能多愁善感，女强人就不能内心柔软吗？

4

标签化，不仅禁锢他人，而且，它常常会阻碍自己潜力的发挥。

你从小被老师评价“内向”，所以你从不主动参加活动，哪怕在自己擅长的领域也绝不表现自己；

你被人说不擅长理科，所以你真的把时间花在文科上，不管自己一落千丈的理科成绩；

你被室友说是“狂吃不胖”，于是你和她们大吃大喝，却在四下无人时偷偷催吐……

是时候做出改变了。

撕标签，不需要多大的努力，实际上，当你意识到你身上有被横加的标签的时候，当你感受到那种不适的时候，就是改变的开始，你就已经一脚踏入人生的全新阶段了。

撕掉标签吧，撕掉自己的，也撕掉别人的，去拥抱更加鲜活的他人和世界，去探索未知，去挖掘一个更加深刻的自己。

毕竟，你又不是货架上的那盒罐头。

如果我是你

✿三　毛

一个女孩去信问三毛："我今年二十九岁，未婚，是一家报关行最底层的办事员，常常在我下班以后，回到租来的斗室里，面对物质和精神都相当贫乏的人生，觉得活着的价值，十分……对不起，我黯淡的心情，无法用文字来表达。我很自卑，请你告诉我，生命最终的目的何在？以我如此卑微的人（我的容貌太平凡了），工作能力也有限，说不出有什么特别的兴趣，也从来没有异性对我感兴趣。我真羡慕你，恨不得能够活得像你，可惜我不能，请你多写书给我看，丰富我的生命，不然，真不知活着还有什么快乐？"

下面，就是三毛给这个女孩的回复，也许你也能从中有所收获。

不快乐的女孩：

从你短短的自我介绍中，看来十分惊心，二十九岁正当年轻，居然一连串地用了——最底层、贫乏、黯淡、自卑、平凡、卑微、能力有限这许多不正确的定义来形容自己。

以我个人的经验来说，我也反复思索过许多次，生命的意义和最终目的到底是什么，目前我的答案却只有一个，很简单的一个，那便是"寻求真正的自由"，然后享受生命。

不快乐的女孩，你的心灵并不自由，对不对？

当然，我也没有做到绝对的超越，可是如你信中所写的那些字句，我已不再用在自己身上了，虽然我们比较起来是差不多的。

如果我是你，第一步要做的事是加重对自我的期许与看重，将信中那一串又一串自卑的字句从生命中一把扫除，再也不轻看自己。

你有一个正当的职业，租得起一间房间，容貌不差，懂得在上下班之余更进一步探索生命的意义，这都是很优美的事情，为何觉得自己卑微呢？

你觉得卑微是因为没有用自己的主观眼在观看自己，而用了社会一般的功利主义的眼光，这是十分遗憾的。

一个不欣赏自己的人，是难以快乐的。

当然，由你的来信中，很容易想见你部分的心情，你表达的能力并不弱，由你的文字中，明明白白可以看见一个都市单身女子对于生命的无可奈何与悲哀，这种无可奈何，并不肤浅，是值得看重的。

很实际地来说，不谈空幻的方法，如果我住在你所谓的"斗室"里，如果是我，第一件会做的事情，就是布置我的房间。

我会将房间粉刷成明朗的白色，在窗上做上一副美丽的窗帘，我在床头放一个普通的小收音机，在墙角做一个书架，给灯泡换一个温暖而温馨的灯罩，然后，我要去花市，仔细地挑几盆看了悦目的盆景，放在我的窗口。

如果仍有余钱，我会去买几张名画的复制品——海报似的那种，将它挂在墙上……

这么弄一下，以我的估价，是不会超过太多钱的，当然除了那架收音机，一切自己动手做，就省去了工匠费用，而且生活会有趣得多。

房间布置得美丽，是享受生命改变心情的第一步，在我来说，它不再是斗室了。

然后，当我发薪水的时候——如果我是你，我要给自己用极少的钱，去买一件美丽又实用的衣服。

如果我觉得心情不够开朗，我很可能去一家美发店，花一百台币修剪一下终年不变的发型，换一个样子，给自己耳目一新的快乐。

我会在又发薪水的下一个月，为自己挑几样淡色的化妆品，或者再买一双新鞋。当然，薪水仍然是每个月会领的，下班后也有四五个小时的空闲，那时候，我可能去青年会报名学学语文、插花或者其他感兴趣的课程，不要有压力地每周夜间上两次课，是改换环境又充实自己的另一个方式。

你看，如果我是你，我慢慢地在变了。

我去上上课，也许可能交到一些朋友，我的小房间既然那么美丽，那么也许偶尔可以请朋友来坐坐，谈谈各自的生活和梦想。

慢慢地，我不再那么自卑了，我勇于接触善良而有品德的人群（这种人在社会上仍有许多许多），我会发觉，原来大家都很平凡——可是优美，正如自己一样。

我更会发觉，原来一个美丽的生活，并不需要太多的金钱便可以达到。

我也不再计较异性对我感不感兴趣，因为我自己的生活一点一点地丰富起来，自得其乐都来不及，还想那么多吗？

如果我是你，我会不再等三毛出新书，我自己写札记，写给自己欣赏，我慢慢地会发觉，我自己写的东西也有风格和趣味，我真是一个可爱的女人。

不快乐的女孩子，请你要行动呀！

不要依赖他人给你快乐。

你先去将房间布置起来，勉励自己去做，会发觉事情没有你想象得那么难，而且，兴趣是可以寻求的，东试试西试试，只要心中认定喜欢的，便去培养它，成为下班之后的消遣。

可是，我仍觉得，在这个世界上，最深的快乐，是帮助他人，而不只是在自我的世界里享受——当然，享受自我的生命也是很重要的。

你先将自己假想为他人，帮助自己建立起信心，下决心改变一下目前的生活方式，把自己弄得活泼起来，不要任凭生命再做赔本的流逝和伤感，起码你得试一下，尽力地去试一下，好不好？

享受生命的方法很多很多，问题是你一定要有行动，空想是不行的。

下次给我写信的时候，署名快乐的女孩，将那个“不”字删掉了，好吗？

你的朋友三毛上

做那个
完美且自由的自己

✲艾米丽·沃克

……①……

1947年一个阳光灿烂的夏日。我父亲——一个幽默的胖男人，有一双漂亮的眼睛。此时，他正要挑选跟他一起去县里赶集的孩子。

父亲是住在路边的那位富有的梅小姐的司机。

那时我才两岁半。凡是爸爸去的地方，我都想去。一想到可以坐车出去，我就感到兴奋。

有人告诉我，赶集很好玩。我身穿浆洗过的罩衣，快活地旋转着身子，炫耀着脚上穿的漆皮鞋和淡紫色的短袜，晃动着我的小脑袋，使头上扎的丝带也随之蹦蹦跳跳，背着双手，站在父亲面前。

“带我去吧，爸爸，”我很自信地说，“我最漂亮！”

这之后，我钻进了梅小姐那辆亮闪闪的黑色轿车，和其他几个幸运儿一起坐在后座上。夜晚回到家里，我把我所记得的一切都告诉了家人，直到最后他们说：“够了宝贝，快闭上嘴睡觉吧。”

1950年的复活节。我穿一件棉屑衬里、扇贝壳形镶边的绿色裙装，脚上穿了一双崭新的丁字漆皮鞋。

我六岁了，已经学会了一段复活节演讲词。我起身致演讲词时，不禁感到心潮澎湃，充满了爱、自豪和期望。

人们似乎屏息静气。看得出来，他们很欣赏我的裙装，但叫他们暗暗称奇的是我的那种小大人似的神气。

不消说，我演讲起来一个结巴没打，一下也没停。那时候，人们的词汇中还没有“美丽”这个词，但“哎呀，她可真招人喜欢”这句话不时向我这边飘过来。他们还令人愉快地补充道：“讲得头头是道哩！”招人喜欢可真好玩呀。

可是，突然有一天，这种情况结束了。

……②……

八岁时，我成了一个顽皮的姑娘。我的玩伴是我的两个哥哥。每个星期六晚上，我们都去看电影。回到家里，我们装扮成电影中的人物，互相追逐，当盗马贼，当逃犯，救大家闺秀于危难之中。父亲决定给我两个哥哥玩具枪。我是女孩子，所以没有。

一天，我站在我们临时搭成的一座“汽车房”顶上，手里拿着弓箭，正向田野方向看去。这时，我的右眼突然感到被什么东西猛地击了一下。

我向下看去，正好看见我哥哥把玩具枪放下。我眼睛刺痛，便用手捂着。

“你要是告诉父母，”他们说，“那我们就会挨打。你不想这样做吧，对吗？”

“这是一根铁丝，”大哥说，从房顶上把铁丝捡了起来，“就说你踩着了这一头，那一头弹起来打着了你。”

“好。”我说。

我们当着父母的面按事先说好的那样撒了个谎。他们把我放在门前一张长凳上，给我检查右眼。门廊下种了一棵树，它越过栏杆，一直长到屋顶，这是我右眼所看见的最后一个东西。我晕了过去。

最后，父母还是知道了真相。出事一个星期后，他们带我去看医生。

“你怎么这么久才来？”他问，一边查看我的眼睛，一边摇头，“这只眼睛已经失明了。”

医生说的这句话把我吓坏了，但最令我担心的还是我的模样。

在我的眼睛被玩具枪子弹击中的地方，有一团浅白色的瘢痕组织。现在，当我盯着人看时，人家也盯着看我。不是看那个“招人喜欢”的小姑娘，而是看她奇怪的眼睛。

……③……

多年之后，我问母亲和姐姐，那次“出事”后，我有没有变化。

“没有，”她们感到茫然不解，“你这是什么意思？”

我这是什么意思？

我八岁，平生第一次学习成绩下降了。我十二岁，家里只要有亲戚来，我就躲进自己的房间。

我表姐来找我玩，她看着我最近在学校照的那张相片，在相片上，那块“白斑”清晰可见。

她问我：“你那只眼睛还是不能看到东西吗？”

“不能。”我说着，“砰”的一声倒在床上，把书压在了下面。

那天晚上，就像我每天晚上做的那样，我骂我的眼睛。我对着镜子把它臭骂了一通。我苦苦哀求，希望它明早天不亮就重见光明。我并不祈求视力，我祈求美丽。

“你没变。”他们说。

我十四岁，为哥哥比尔当保姆，他当时住在波士顿。

他理解我的屈辱和怕丑的心理，把我带到一家地方医院看病，在那儿，一个医生把“白斑”去掉了。原来瘢痕组织的地方依然有个淡蓝色的小坑，但那难看的白斑已经消失。

顷刻之间，我好像变成了另一个人，不再是那个不敢抬头的小姑娘了。

自从我抬起了头，我便结识了很多朋友。课堂作业从我的唇间流出就如复活节演说词一样无可挑剔。高中毕业时，我作为学生代表致告别词，我成了最受欢迎的学生。

“你没变。”他们说。

……④……

从“出事”到现在，已经过了三十年了。

一个美女记者来采访我。她准备为她的杂志写一篇封面专题报道，集中介绍我的一本新书。“你自己决定你在封面照片上的模样，”她说，“富于魅力，或随便怎样都行。”

夜里，我和爱人躺在床上，我为自己不想在杂志封面上露面寻找各种理由：“那些最平庸的评论家会说我的书一售而空，家里人会意识到我现在尽写些耸人听闻的书。”

“可你不愿这么干，真正的原因又是什么呢？”他问。

“因为很可能，”我急匆匆地说，“我的眼睛不好看。”

“已经够好的了，”他说，“再说，我还以为你已经不再把这事放在心上了呢。”

我突然想起来，事情的确如此。

……⑤……

我记得我跟哥哥吉米聊天，问他是否记得我被枪打的那天有什么不寻常的地方。

他既不知道我把那天看成父亲偏爱我的最后一天，也不知道我心中正为此痛苦和愤怒。

他说：“我只记得当时和爸爸一道站在路边，想拦一辆汽车。一个白人停下了，可当父亲说需要请人帮忙把你送医院，那人便开车走了。”

我记得我第一次来到沙漠，就完全爱上了它。

我意识到，我曾满世界疯狂地横冲直撞，一会儿瞧瞧这个，一会儿看看那个，为的是积累种种形象，以防视力消失。可我差点儿错过了目睹沙漠的机会！

但我记得的主要还是这个——我二十七岁，女儿瑞贝卡快满三岁了。

从她出生起，我就担心她会发现她母亲的眼睛与别人的眼睛不同。她会因此而难堪吗？

一天我正要把瑞贝卡放在床上睡午觉，她突然目不转睛地看着我的眼睛。我的心收紧了。

所有的孩子对人身体差别的感知都是很残酷的，也许他们并非总是有意如此，那是另一回事。

我又哭又笑地跑进洗澡间，与此同时，瑞贝卡喃喃地自己唱着歌儿入睡了。我向镜中看去，是的，千真万确，我意识到了。我的眼中的确有一个世界。

那天夜里，我梦见自己随着那首名叫《永远》的歌在翩翩起舞。当我快乐地旋舞着，比我一生任何时候都更幸福时，另一个满面春风的人和我一起跳了起来。

那个人和我一样也是过来人，她完美而自由。她就是我。

自卑女孩的觉醒

✽裳　茜

01

一个女孩是从什么时候开始意识到自己自卑的?

从意识到自己和别人不一样开始，从不敢和陌生人交谈开始，还是从注意到自己活在他人眼中开始……

自卑的女孩低微到尘土里，甚至不敢抬头看看这个世界。

小西就是这样的女孩。

她本来是生活在农村的快乐女孩，陪着奶奶日出而作，日落而息，但有一天，她被在外务工的父母接走，转学去了上海。

这是父母托了好多层关系才弄到的入学名额，他们向小西道出自己的不易，拿出万年不变的“你看我们多辛苦,你可要好好学”的话术讲得不亦乐乎，却忽略了小西对这个陌生的城市，陌生的环境本能的害怕与恐惧。

开学第一天，小西带着父母沉重的期望来到校园。

这里的一切都与家乡不一样。明亮的教室，宽阔的操场,课桌椅不是木头做的,教室里还有投影仪。同学们也和小西不一样，他们能歌善舞，周末还报了课外兴趣班。

小西也曾想过要融入进去。

她把学校发的课外兴趣班报名表拿回家给父母，父母看后，对小西说：“你现在的任务是好好学习……”

三年级的小西慢慢意识到自己变得不一样了。身高是全班最高，胸部发育也比一般女孩要快。她对此疑惑了一段时间。为了和别的女孩一样，她开始驼着背走路。

班主任看出了小西的局促，把小西叫去办公室，送了小西一件背心。

五年级的小西第一次来例假，她不清楚内裤上红红的是什么，为此她还头脑风暴了一段时间。

妈妈拿出卫生巾告诉小西：“把这个垫在内裤上，记得带到学校，一天换三次。”

小西对此感到羞耻，为什么她总是和别的女孩不一样!

初三时，学校分了本地班和外地班，这是小西自五年级之后再次意识到自己的无能为力，在此之前她只是在好好学习。

初三下半学年父母决定让小西转学。因为办转学手续的问题，小西的父母在原学校和老师大吵了一架。

这也给小西在上海的求学生涯画上了“圆满”的句号。

02

转学回老家的小西并没有表现出适应。

过早的离开让她对家乡也具有疏离感。

这是一所寄宿学校，父母将小西送进去后就离开了。

上海与家乡的教育模式包括上课进程都有很大出入，这也让小西产生了巨大的落差感。

家乡的高中只有三所，竞争压力特别大，大家都在认真复习考学，小西没有表现出主动。

压力越大，自卑感越重，越不愿与人交谈。小西将自己的世界完全封闭，有将近一周的时间，小西没再与人交谈。

每次大礼拜走出校园的那一刻是小西感到最轻松的。

在小西的眼里校园变成了吞噬人的“怪物”，而这种想法一直存在到小西上大学。

小西重新回到上海上了大学。

她想要去做出一些改变。

她开始学着打扮自己，逼着自己与人交谈，强迫自己参加一些社团，聚会。

她很着急，着急想要融入一个圈子，着急想把自己变成一个美好的，优秀的女孩子。可是骨子里刻着自卑，越是接触光鲜越是退向深渊。

拔苗助长，强迫着打开自己的结果就是被反噬。那一段时间的小西觉得好累，想要逃离。

永远悲观，永远自卑。

心一下子变得好重，是那种可以穿透身体掉在地上的重。

寝室唯一封闭的地方就是床上。爬到床上拉上帘子发呆，周围变得很暗，只听得见自己的心跳声。

那段时间小西很少交流，那种感觉就好像回到五年级，回到初三无能为力的时刻。

不好的回忆会在人难受的时候喷涌而出，以为忘记了，却连时间都记得如此清晰，并给已经失望透顶的人雪上加霜。

那段时间的小西曾希望黑夜永远不要过去，白天永远不会到来。她希望自己可以相信巴门尼德，她想要去相信世间的一切变化都是幻象。

她只想要一个最烂的结局：小西缓缓睁开双眼发现一切都只是一场梦。

一切都有重来一遍的可能。

……03……

“我最近有时候觉得很不可思议。在悲伤的时候哭泣，开心的时候喜悦，脆弱的时候相互依靠，有时候也会突然想要一个人……”

《面包和汤和猫咪好天气》暂时拯救了陷入谷底的小西。

“剧里的这家店真的存在吗？”小西时常想。

慢慢悠悠，无忧无虑的生活，不必刻意与人交谈的生活——适合自己的生活，真的可以做到吗？

小西再次决定改变自己，是适合自己的改变。

自卑女孩的觉醒第一步——美食。

甜食最能抚慰一个破碎的心灵，那就买一个蓝莓蛋糕，一口咬下去，蓝莓果酱“奔涌”出来弄了一手，傻笑的时候小西瞥见镜子里略显“狼狈”的自己，好像也挺好的；去罗森买一盒寿司，再问同学借点酱油吧；味噌汤，好像没有那么好喝……

自卑女孩的觉醒第二步——阅读。

去买一本好书，那可是小西在书店逛了两个小时的结果。永远不要低估一本新书的诱惑力，毕竟它摆在书架上格外亮眼。

自卑女孩的觉醒第三步——熟练掌握一项技能。

小西决定捡起她荒废已久的英语，那就从背单词开始。要不还是练练口语吧，毕竟语言是要说出来的。还是先背单词吧……

折腾了一周左右。

当一群人聚在一起的时候，小西的自卑感是可以从眼底冒出来的。

她仍然不敢看别人的眼睛，仍然低着头。她越来越渺小，周围越来越黑暗。

她又翻出了那部电视剧。

……04……

“对于我们所有人来说，人的伟大在于他扛起命运，就像用肩膀顶住天穹的巨神阿特拉斯一样。”

如果自卑没有那么容易被甩掉，那就尝试慢慢降低它的存在感。

小西依旧热爱美食，也会因为多吃了一口蛋糕而苦恼。

她用了大概一周才看完那本新书，扑面而来的成就感将星星挂在了眼里。

至于英语，任何一个能把语言学好的人，她的积累时间一定大于 2 000 个小时。

她就是一个普通人，对一个自卑的人意识到这点很重要。

小西感受到了自己的真实存在，她渐渐摆脱巴门尼德的神奇空间——世间的一切变化都是幻象。

找到自己喜爱，做好就好了。

……05……

如果有人提问：一个自卑女孩的觉醒需要多久？

可能会在某个瞬间，也可能是一辈子。

自卑的女孩低微到尘土里，整个世界都是灰暗的，但这并不意味着失去触碰灰暗的勇气。

那所有的努力也并不是要让光照入这个灰暗的世界，只是想将太阳变成眼里的色彩罢了。

平凡 不平凡

✲林一尔

我进入了情绪的死循环，想要的太多，奈何能耐有限。于是，我开始怀疑自己。自卑、焦虑接踵而至，一到晚上，就难过到哭，反复向朋友确认：“我是不是一无是处？”

朋友说：“不是啊，你很优秀。”

我说：“不，我连自己都活不好。”

印象最深的一次，是我一个人在地铁上，周围的人看上去都比我快乐，那种难受比涨潮还来得快，我掏出手机给朋友发消息，说：“我突然好想哭啊。”

这种情绪是不被人理解的，朋友问：“为什么会突然想哭呢？”

我握着手机，车厢哐当哐当地晃，半空中的拉环被甩过来甩过去，我吐了口气，终于承认了，说：“我或许是生病了，你陪我去医院好吗？”

最后也没去成，因为朋友回了我这样一句话：一旦确诊，你就会把自己当成病人。

对，什么流泪、失眠、心律不齐，我都会自动将它们归纳成生病，然后乖乖吃药，甚至可能不愿意多花力气再去缓解情绪，接着我继续在这坏死的情绪里跌宕起伏。

出现转机应该是在外公过世的那个八月，那是我第一次感受到，盛夏的凌晨也挺冷的。

外公姓聂，湖南人，参加革命后被分配到重庆，局里的人称他聂老。

那时候二楼的露台种着几株金橘树，正值结果季节，树上挂了好多好多小金橘。我舍不得摘它们，就用纸巾沾了水，将它们擦得油亮亮的。

聂老躺在摇椅上晒太阳，镜片成了茶色挡住了眼睛，我不知道他有没有在看我。

就这样过了几小时，到了傍晚，他说：“人就是树，该什么季节，就开什么花，结什么果，人也是，该什么年龄段，就做什么事，不要提前预支。”

我当时不懂，以为他又要开始说教，便借着外婆喊吃饭的机会快步跑上了三楼。

结果当晚重庆下了一场罕见的大雪，树上的金橘不仅被吹落了，还被冻坏了，甚至枝丫因果实过重，折了不少。风后飘着毛毛雨，我看着他们把果子扫进垃圾箱里，不由得有点难过。

聂老把我领子上的帽子拉出来给我戴上，他说：“你呀，还小，人生一世，最难的，是放过自己。”

想起这些的时候，我正坐在殡仪馆。

聂老死于窒息。过程解释起来冗长，简单来说，肺部感染，各类药物无效，靠营养液和氧气罩活着。

医生说，其实他的灵魂已经死了，只是我们拽着他的身体让他呼吸，他其实很痛苦，所以让我们商量要不要拔掉氧气管。

意见分歧挺严重的，但最终，在聂老耳边问他要不要拔管的时候，他眼皮动了动。

下葬的前一晚，熬通宵给聂老守夜，我坐在灵柩前，长明灯快熄了时，我又添油让它亮着。那段时间我老是胸口有团气堵着，那晚更难受了，一哭就跟要断气似的，我索性闭嘴不哭了。

“哎呀，过来看，床铺底下有张字条！”

聂老的亲笔：“不必强求，死后火焚，若有机会，迁至湖南。”落款时间二月初，他尚好时。

我再也忍不住，寻了个无人的角落，抱着我哥哭得稀里哗啦的。那口气好像也就这么哭通畅了，归咎于不健康的心理给死亡和别离让了位。

还是学生时，社会被我理想化，我把自己想得太了不起，以至于无法接受落差。

书可以慢慢写，钱可以慢慢赚，考试可以慢慢备，感情可以慢慢谈，我只是个凡人，天之骄子毕竟少之又少。

要彻底走出来其实还需要那么个过程，但至少不再像个傻子似的受情绪的欺负，情绪上头时就约朋友出去吃喝玩乐，快乐面前，众生平等。

最近楼下的舞蹈室快开业了，已经交了定金，我将会是首批学员，减肥什么的不重要，我主要是觉得有个女团的舞跳得很棒。

我写下这篇专栏的时候已经是春天了。你看，太阳都出来了，花都开了，没有什么好难过的。

每个人的归宿都不可能是一座城

✲汪微微

一

花了几个午休的时间，我追完了日剧《东京女子图鉴》。

这部曾风靡一时的热播剧，用一句话来介绍就是：一个不甘平庸的小镇女孩在大城市里悲欣交集的成长史。

老实说，整部剧看下来，我并没有那种“10万+”式的感动与共鸣，但在这部剧刚开始和一些一闪而过的片段里，我看到了那年冬天单枪匹马闯京城的自己，以及一些自以为早已忘记了的跌跌撞撞的细枝末节，并为此热泪盈眶。

那时，我在一座三线城市上大学，读着自己并不喜欢的专业——国际经济与贸易。很多年后，我对这个专业的理解，仍然停留在它的字面意思上：做生意，挣钱。值得庆幸的是，在大学里有许多闲暇时光，让我能挣脱专业的羁绊，去做自己喜欢的事情，诸如看书与写字。我并不知道自己凭借这一腔热爱能走多远，但那份执念，犹如女主角绫对东京的痴迷一样，念念不忘并决定最终孤注一掷。

大四那年冬天，因为常年给北京一家杂志社写稿，我得到了这家杂志社实习编辑的职位和可以解决北京户口的承诺。

和女主角绫一直以东京为目的地不同，我对大城市的向往一直没有那么强烈。与其说这是“佛系青年”的清心寡欲，不如说是自知没有能力争取，骨子里有一种天生的自卑和自足——起点低，很容易满足，三线的城市便足以敷衍虚荣。当然，如果机会摆在我面前，我也会忍不住踮起脚尖，伸手够上一把。

进京前，因为不想让人一眼看穿我的底细和来历，我奢侈地做了一次头发。生活在那样封闭的地方，对时尚又缺少关注，预算也少得可怜，所以我的选择并不多。于是在学校南门外的小店里，我做了个离子烫。虽然有些寡淡，但至少会让毛糙的头发平顺光滑，看起来也算清爽干净，符合那个年龄的特质——这就是一个乡下姑娘捧给未来的所有准备。

可悲的是，因为无良店家的劣质药水和不过关的技术，我的头发在遇水之后，直接变成了“方便面”。彼时，车票已在手，行李已打包，我马上就要出发了。于是，我顶着一头“方便面”，欲哭无泪地开始了自己的北京之行。

我一直以为自己没有绫那样征服东京的欲望和进取心，而一个欲望不够强烈的人就像心里没有火种一样，很难燃烧自己。

现在想来，恰恰相反，我不是没有关于大城市的梦想，而是因为没有自信，便把那个梦想压得很低，以至连自己都没有发现。而那个爆炸的方便面头，几乎让所有的人都看出来了，对未来，我也是野心勃勃的，所以才那样期待用一个焕然一新的自己，领到一把打开那座城市的钥匙。遗憾的是，我用力过猛，以至一不小心，就把紧绷的自己拉断了。

绫初到东京，最大的打击也不过是来来回回走在街拍的镜头下，却被人选择性地忽视了。影视剧总会客气地抹去一个人在暗夜里的跋涉与挣扎，可生活不会。

那个冬天，二十出头的我初到北京，比欣喜若狂来得更真实和汹涌的是惶恐不安。我害怕自己消化不了一座城市的繁华，也担心融不进群体生活，或者根本就无力打开那个叫未来的东西。

二

初到东京的绫原本想住在靠近时尚街道的南青山，但房屋中介提醒她面对现实，房租最好不超过薪水的1/3，她最终不得不选择了三茶——一个年轻初级“东漂”选择的地方。北京的“三茶”，就是五环之外的叫不上名字的地下室。

我选择的那间地下室，说是单间，其实是用板材搭建的不足4平方米的小格子间。在横着放置了一张木板单人床和竖着搁下了一个行李箱后，所剩的空间就只够我一个人侧着身子走动。屋子里没有窗，只有一扇门，而开着门和关着门的效果是一样的，没有阳光进来，也没有风吹过。晚上睡觉时，和我仅有一面木板墙之隔的邻居的鼾声呓语，我都听得清清楚楚。

住在这种地方的人都有一个共同的特征：脚步沉重，面无笑容，好像被命运粗暴地剥夺了快乐。因为看见了繁华，却并不能与之为伍，又不甘退回到原有的贫瘠。在暗夜里，常有低低的饮泣声，从不同的角落传来，哀怨地飘荡着。

这座城市离我最远的时候，就是当我置身其中的时候。本以为到北京之后会有很多选择，可深入腹地之后，我才发现只有一种选择，那就是上班。

我最初的主要工作是写回信，告诉那些尚在做梦同时也是读者的小作者：“你被退稿了。”退稿只有一个原因：写得太差。但我被要求不能写得这样赤裸，须得先找出并放大文章的优点，再指出文章的不足。信写得再好，也是退稿信，没有人会在收到这样的信后，还能热情地回应。

同事之间的关系，大多礼貌热情，却不够紧密，更谈不上亲密。做文字工作的人多少有些清高，加上快节奏的生活，彼此之间很少有耐心停下来认真地相互了解。尤其是对我这样一个内向羞涩的新人，他们更没有多余的热情。那个和我同时进去的实习生在本地上学，不需要再交一个对她的职场生涯看似没有多大用处的朋友。我在一方小小工位上把自己蜷成刺猬、对虾、含羞草，在工作之余与身边的人再无其他交流。

有一天，办公室里一个土生土长的北京女孩突然对我那方便面状的头发产生了兴趣。得知这种发型并不是时髦的爆炸头，而只是发质受损后，她很热心地给我推荐了一款物美价廉的护发素。下班后，我迫不及待地赶到超市，站在货架前，平静的表情下埋藏的却是内心的波澜万丈。从此我对她有了一种朋友般的感激和期待。直到圣诞节，北京女孩给办公室的每个同事都准备了一个小小的布娃娃，却唯独将我落下了，我才醒悟。

没有同学，没有朋友，也没有绫那样的好运——迷路了还能顺便捡回一个暖心的男朋友。晚上回到房间时，满屋子的冷清漆黑，常常会突然触碰我内心深处名叫“脆弱”的开关。

一个并不强大的人，又浸在悲伤里太久，是没有力量前进的。我越来越沉默，越来越胆怯，用领导的话说，他几乎听不到我发出的声音，我似乎是一个没有任何想法的人。领导当面断言：“你也许是个好作者，但绝对不是个好编辑。”于是，虽然没有直接勒令开除我，但明眼人都知道，我在这里，走到了尽头。

我可以慢慢养护受损的头发，但没有人允许我慢慢成长。最终，我只得做了这座城市的逃兵。临走前，我去了很多地方，心中充满了第一次来也是最后一次来的悲壮。

绫在感情不顺时，也选择了从东京回到秋田，她以为自己会留下来，结果却在大哭一场后，再次回到了东京。她的眼泪，不过是向独立的自己和自给自足的生活顽皮地撒个娇而已。而我的悲壮，那不只是和一座城的告别，更是和内心那个希望用努力来改变人生的孩子说再见。

三

随后，我回到了一座三线城市，在一家杂志社觅得了一席之地。那时的QQ签名概括了我所有的生活：看稿谋生，写稿谋爱。

北京之行虽铩羽而归，但它让我遇见了一个真实且立体的自己：一面是一头扎进对未来的憧憬里，想拼尽全力试试自己能够成为谁；一面是来自性格里隐隐的自卑，让我在应该全力以赴的事情上显得力不从心。我彻底地明白，在我对生活提出很多要求前，我得先对自己有要求，因为“一个姑娘，只有努力，手中才握有筹码”。

我首先学会的是清空多余的情绪，勇敢而自信地表达。每一次会议前，查阅资料、搜集热点、罗列要点……都成了必备的功课。充分的准备让我发言时从容不迫，每一个字，纵然带着初出茅庐的稚气，却也带着掷地有声的底气。

平日里，我还准备了一个资料库，里面收录了各式各样的好文章；还有一个摘抄本，用来记录看到的好标题或走心的句子，以备不时之需。工作之余，每天写1 000字，不让心长出苔藓，在一字一句中积累能量；每周读一本书，向内平静地努力，温柔地坚持……

影视剧中省略的一切，我都在现实中一一补上。有时候我也会问自己，如果当初在北京时我能有这样的劲头，后来也不至于是这样的结局吧。城市里什么都有，唯独没有答案。很多事情不能假设，唯有经历。

除了逼迫自己努力成长外，我还能走另一条路吗？像绫那样，通过不同的男子来实现自己的东京梦？比如在同是小镇出身的男友那里，安顿了一颗漂泊的心；在世家出身的“高富帅”男友那里，接触东京的繁华和时尚；在已婚的高级和服店的老板身上，学会了享受生活、提升品位和成长心智。

这也许是某一类女孩向上的途径，但不是所有的女孩都想走的路。茨威格说过：所有命运赠送的礼物，早已在暗中标好了价格。

剧集最后，绫买了一个小房子，和男闺蜜在东京开始了一段安稳的生活，有种回归简单、大彻大悟的感觉。

剧情可以随时终结，但生活尚在继续。

我后来有两次机会重返北京：一次是我为之写专栏的杂志社力邀；一次是我所在的杂志社和北京一家期刊社合作，我作为项目负责人进驻北京。但最终我都主动放弃了，终于拥有了选择权，这一点，让我对自己很满意。

每个人的归宿都不可能是一座城，而只能是那个努力打通了任督二脉、豁然开朗的自己。

为了梦想，我受尽家人白眼

✲舒悦君

当梦想和现实产生冲突，你会选择继续追梦，还是向现实妥协？

以前我会选择追梦，现在我只剩下生活。

壹

以前的我性格内向，不善于交际，身边的朋友不多，家人也忙于工作，没太多时间陪伴在我身边，因此我的童年大多时候都是自己一个人过的。

恰恰在这时，我看起了网文，里面各式各样有血有肉的人物角色，精彩绝伦的冒险故事，都深深地打动着我，感觉自己在和里面的人物一起经历不同的故事。

就这样一看，就是两三年，发展到后来，我还起了自己写网文的念头。

我最初写网文，是因为爱情。

那是高一上学期，我对我后桌的男生一见钟情，但我嘴巴笨，不会说话哄他开心，于是便想到了写一本以我和他为男女主角的爱情小说，连载到网站上去，再叫他去看。

想到就去做，我独自一人摸索着要去哪个小说平台上写会好一些，如何创建账号，如何成为作者，如何上传章节，最后我人生中的第一部网文就这样诞生了。

我一直默默地写，直到连载到十万字以上，我才敢告诉他，让他去看。

但我想象中他感动的画面却没有出现，这件事反而成了他炫耀的一种谈资。

是的，我的表白被拒了，而且他还狠狠地奚落了我一顿。

但由于他到处跟身边的人说我为了他特意写了本小说，导致越来越多同学关注起我的小说，并纷纷称赞我写得好，这让我产生了一种或许我有写作天赋的错觉。

贰

高中毕业后，家里人希望我早早出来工作赚钱补贴家用，再加上大学的学费支出家里已经承担不起了，因此我只好一边工作一边报考成人大学。

但我的学历不高，也没有掌握什么谋生的技能，因此刚开始出来找工作，可谓是处处碰壁，这让我不禁动起了写职业网文赚钱的想法。

当晚我就跟家里人商量这件事，他们答应给我试两个月时间，如果在这两个月时间内，一分钱没赚到，那我以后就要脚踏实地去找工作。

其实，当时的我心里也没有底气，虽然我在高中时期就一直有坚持写小说的习惯，但没有一本小说是签约成功的。

网文要想赚钱，首先得经过签约，把小说的版权给予平台，而后上架，小说才开始对外收费。

因此没有签约，更别提后续的上架了，这样是没有收入的。

但往往人的潜力，的确是需要逼出来的。

我自认当时自己的文笔和剧情构思、人物塑造、

世界观架设等方面尚不成熟，既然质量不够，那就数量来凑。

每天通宵写小说，早上睡觉晚上工作，生活几乎是日夜颠倒，日均写个一两万字，这样的强度整整维持了一个多月。

结果也没有让我失望，在这两个月里，我最新的一部小说成功签约上架，并且拿到了我的第一份稿费两千多块钱，相比当时的工资水平，已经不算低了，也成功堵住了家人的嘴。

这也让我坚信以后我能在职业网文作家这条路上走得更远，但却没意识到，在追梦的这条路上，我只会越摔越惨。

叁

从那以后，我整整写了五年的小说，每一部都能成功签约上架，但却没有一部是能火出圈的，赚来的稿费，也仅仅只有区区的两三千块钱，并且每一部小说完结后，中间还会有一两个月的空档期，需要构思新的小说大纲。

收入的微薄，稿费的不稳定，也让我跟家里人的矛盾越来越深。

我爸还好，他一如既往地支持我的梦想，觉得人这一辈子，只要专心做好一件事情，就一定能成功，况且我也不是一分钱收入没有，在这里游手好闲。

但我妈的想法却现实得多，认为写小说钱少事多，每天熬夜通宵写，结果到手的，只有区区两三千块，付出和收获不成正比。

她担心再这样下去，我迟早会把自己的身体熬坏的，她关心我的想法是正确的，但她阻止我写小说的方法却用错了。

我每天都害怕爸去上班，因为我爸前脚刚离开家，我妈便立刻换了一副面孔，变得尖酸刻薄。

我妈每天在我耳边唠叨，让我快点出去找一份正经的工作，写小说是没有前途的，不断地打击我的自信心，用现在的话讲，就是 PUA。

见我不为所动，就接着采取更为极端的方式，每天辱骂我。

我爸在家时，她是贤妻良母，我的好妈妈，我爸去工作时，她俨然成了白雪公主的后妈。

我写小说累了，想要睡会儿午觉，我妈不准；我去上个洗手间，时间稍长了点，下一秒她就站在洗手间门口开始破口大骂；甚至在我写小说的时候，她还会一边骂我，一边拿手指头戳我脑袋。

让我印象最深刻的一次，是她直接脱口而出“这么多人死，怎么不见你死，你真是气死我了”这样的话。

肆

最终的结果是，写出来的小说越来越不在状态，订阅量也逐渐下滑，导致稿费不断地缩水，我妈就骂我骂得更厉害了，俨然成了一个死循环。

最终我选择了妥协，并拿出我多年来的积蓄，去报了个培训班，学了四个月的平面设计。

现在我已经从事设计行业好几年了，但依旧没有放弃我的梦想，平常挤出一些空余时间来写小说，发在自己运营的公众号上，给身边的朋友们看，现在变成只为了兴趣而写。

伍

人活一世，不能只为了生活，若只为了生活，为了衣食住行，而毫无目的地工作赚钱，人生就显得寡淡无味。

但也不能只为了追求梦想，而忽略了现实，那样只会对身边的人造成伤害。

我妈当时对我说的话，很过分，我当时真的很恨她，但现在，我也能稍微理解她。

她并不懂小说的世界，在她的认知里，我每天在家里，不出去工作，我就是无所事事、不务正业。

即便每个月都有一份收入，但随着通货膨胀，我的收入水平一直停滞不前，在她眼中，我就是在啃老。

因此成年人的世界，是要做出一些取舍的。

之后我逐渐意识到自己的写作天赋有限，为了不给家里人添负担，因此毅然转行从事平面设计行业，拿到的薪资是以前写小说的三倍甚至四倍。

这样既能减轻家里人的负担，同时，自己也能抽出时间，去做自己想做的事情。

或许，这才是最好的结果！

胖女孩的青春是什么样子的？

✽雪　梵

胖女孩的青春是什么样子的？

是卑微还是自信？

我曾经就是一个胖女孩，实话说我确实会自卑，但我还是满不在乎地大吃大喝。

好像我的青春里面没有什么值得我在乎的事情。

八年级体测的时候我的体重以高达 160 斤位居全班第一，面对我们班级男生的嘲笑，我会以武力的方式给他们一点教训。

我和我们班里面的男生关系很好，每天都是打打闹闹，班主任看见我就会头疼。

但是他又没有办法，有的时候只能睁一只眼闭一只眼。

况且我最好的朋友是班花，班级很多男生喜欢她，都是从我这里打探消息。

他们都说每一个好看的美女身边都会有一个小丑，我挺有自知之明的，我知道我就是那个小丑，可是我愿意啊。

但是当我升到九年级时，我们班转过来一个男生，我开始不愿意去做一个小丑，我也想做一个天鹅。

01

这个男生叫刘择，长得并不出众。

我注意到他是因为一次我和班里的男生打闹，不小心误伤了他，我以为他会生气，但是他没有，他只是问我疼不疼。

我承认从他问我那句话起，我就对他心动了，可是小孩子的喜欢是什么样子的呢？

我开始关注他，我给我的班花朋友讲他，我会在下课的时候找他去聊天。

我以为他会不耐烦，可是他并没有，他会在我说话的时候仔细听。

他不会像其他男生那样把我当成男孩子一样对待，这是我从来没有遇到过的。

班里面的人当然能够看出我喜欢他，但是我从来没有亲口承认过，因为我害怕。

我怕他觉得一个胖女孩喜欢他，他会觉得丢人，我怕他知道之后会开始躲着我，我怕他会不理我。

但是我想班里面的男生一定会给他说的，我索性破罐子破摔。

我在晚自习的时候给刘择写了一张小纸条，给他表明了我的心意，我以为他不会回我的纸条。

那个晚自习是我最煎熬的，直到小纸条传到我手上时，我的心才慢慢有了着落。

不管结果是什么，有回应便是好的。

结果就是他在纸条上告诉我，他知道我的心思，但是现在最重要的还是学习。

我们约定好要考同一个高中。

我当真了，我开始努力学习，抛开一切，身边的人开始惊讶于我的改变。

我不再和男生吵闹，我开始试着减肥，结果却失败了。

中考成绩出来时，我没有考上我们那里最好的高中，只能去了另外一个学校。

02

在高中，我开始自暴自弃，我不明白为什么我付出了努力，却还是没有能够达到我想要的。

妈妈告诉我结果不重要，重要的是过程。

可是人们看到的只是结果，谁会在乎过程呢？

我开始回到老样子，暴饮暴食。

吃完午饭，我和同桌打电话。同桌跟掏家底似的，把肚子里的故事一件一件往外搬。她滔滔不绝地说着某某通过了985大学的自主招生、某某艺考失败了、某某考砸后抱着班主任痛哭流涕……那些她们所抱怨的现在，都成了我生动的曾经，我捏着因连续站立十小时而肿胀的小腿，只能尝试从她饱满的情绪里体验感同身受。

"今天，语文老师又点你起来朗读课文，喊了好些声，才反应过来你退学了，小老头扁着嘴巴，有些难过……"我挂掉电话，沉默和星星一样遥远而明亮。在高考这场战役中，我成了中途撤退的士兵，无法和队友们引吭高歌，浴血奋战，更不能以凯旋者的姿态站在城墙上，待漫天硝烟散去后，领略壮丽的夕阳。

经过整夜的辗转反侧，第二天一早，我就去办理了退训手续——这大概是我做过最勇敢和最义无反顾的决定。走出训练大楼的那一刻，明媚的阳光倾泻而下，温柔地将我簇拥，空气里浮动着栀子花的馨香，无数风的心脏在我信念上方跳动。

回到家后，我把与空乘有关的物件都收进了箱子，取而代之的是成堆的学习资料。

后来，我考上了外地的大学。坐在飞机上，空姐笑靥如花，背影如薄胎的青瓷般端然明丽，我捏了捏自己肉嘟嘟的小脸，满满的羡慕。窗外，镇子越来越小，最后变成一个光点消失在云层中。我来回翻看大学的照片，心里散发着白菊花一般淡淡的清香。高考是唯一的缆绳，它带我找到了属于我的岛屿。

大学毕业后，我的生活总是不可避免地出现左灯右行的冲突：当我还在为了论文抓耳挠腮时，有的朋友已经拿到不菲的年薪；朋友圈里眼花缭乱的旅游晒图，与争分夺秒、通宵备战的自己；越堆越高的结婚请柬，低头，指尖尚且寒凉……成长就是不断失去可能性的过程，你想去山顶摘星星，便不可避免地要失去草原和海洋。

年轻时，我们总是忍不住往别人的路上张望，习惯并且擅长轻视当下的幸福，幻想着另一个活在"如果"王国里的自己。所以如果重新来一次，我相信大多数人依然会走到同样的终点站，只不过换了一条来路罢了。

我很羡慕那些在不同领域闪闪发光的人，但我深知有一条属于自己与众不同的路等在远方。亲爱的，祝你年少有为不自卑，不破楼兰终不还；也祝愿那个没有实现的我，在另一个世界里熠熠生辉。

当抑郁症遇上了高考

✻星 河

我的高考，算不上很顺利，但也算不上很失败，用简单的一个词形容就是普普通通——考上了一所普普通通的二本大学，算是没有辜负我的高中三年。

家里人每次提起我的高考，都觉得有些遗憾，但我却不这么认为。刚上高一的时候，我的成绩还是不错的，最好的一次还排进了年级前 20 名。我就读的高中是省重点学校，当父亲询问班主任我高考能否考上一本时，班主任给出了肯定的答案。

听话、懂事、乖巧，这一向是任课老师眼中的我的形象。我原以为，我的高中生活可以用“一帆风顺”来形容。

但是，人生的旅途中总会有电闪雷鸣出现。紧张的高中生活，压抑的学习氛围，再加上不懂得劳逸结合，在高三刚开学的时候，我患上了抑郁症。

如何在千万高考大军中脱颖而出，如何考上 985 院校……由于整日思虑，我每天晚上都睡不着觉，经常在凌晨两点突然惊醒，一摸额头全是冷汗。

那段时间，我做了很多噩梦，梦到过自己高考落榜，也梦到过自己高考数学不及格。一天接一天的考试，一张接一张的试卷，仿佛张牙舞爪的恶魔，想要把我吞噬。我被学校里多得数不清的考试和练习题逼到崩溃了，吃饭的时候掉眼泪，上课的时候眼睛红肿，甚至脑子里经常出现一个声音，它说：“你高考肯定会落榜！”

我开始害怕高考，害怕一切事情。我甚至想：为什么我要出生在这个世界上？

家里人察觉到我的状态不对，于是带我去医院检查。一开始，我看的是脑科，后来医生却让父亲带我去精神科检查一下是否患有抑郁症。

结果出来了，父亲拿着那份报告单，手一直在颤抖。他无法相信，一向乖巧优秀的女儿竟然会患上重度抑郁！但是那时的我已经无力说话了，我只知道自己解脱了。我再也不想去上课，我想玩，我想放松心情，我想恢复到原来的自己。

治疗过程中，我每天都要吃很多药，因为这些药物会使人嗜睡，所以第一次吃药之后，我在课堂上睡着了。这也是我第一次被老师批评。抑郁症是折磨人的，我的成绩一落千丈，但是我已经麻木了——对分数麻木，对排名麻木。我的高中生活，仿佛失去了色彩，只剩黑白。

父亲看着我日渐落后的排名，什么话也没有说，只是叹气。有时我在想，或许人的命运不像书中所说的那样是掌握在自己手中的。恰好那个时候，我看到了一句话，是苏格拉底的一句话。他说，人类的幸福和欢乐在于奋斗，而最有价值的是为理想而奋斗。

我的理想是什么？我依稀记得很久之前的理想是成为一名作家。但是，现在奋斗还来得及吗？

我去找班主任谈心，他引用了《平凡的世界》里的一句话告诉我答案：“‘命运总是不如人愿，但往往是在无数的痛苦中，在重重的矛盾和艰辛中，才使人成熟起来。’你要学会冷静、理性地看待所有的事物，保持对这个世界的热忱和赤诚。”

这句话使我如梦惊醒。

生活永远都属于自己，我们只能在一个个选择中接受自己的人生。

抑郁症很恐怖吗？恐怖，它能磨灭一个人的心志，但生活还得继续。我的生命，我的人生，由我自己负责。

高考那一天终于来临。走进高考考场的那一瞬间，我充满自信。我拿起笔，用自己最丰富的情感、最杰出的思想，完成了充满希望的人生答卷。

高考铃声响起，停笔，收卷。我们终究走完了过去，踏进了新的世界。

生活沉闷，
跑起来就有风

将平凡的梦想做实，便足以配上伟大这个词

✲ 柴岚绮

在单位，和她是相邻的办公室，但我们都有随手关门的习惯，关起门来，是独立的小圈子，没什么交集。同事之交淡如水，对于我这样慢热和被动的性格，还是很适合的。

有时碰上活儿没干完，下班比平时迟，经过隔壁，会看到她还对着电脑——她的座位面向门。好像每次她们办公室留守的都是她。

快递送包裹来，她的总是很大，听说都是户外装备之类。硕大的包裹和她寡言的神情以及瘦小的身材，似乎总也对应不起来。

我们这些平凡得毫无冲顶经历甚至连野外徒步都未曾尝试过的朝九晚五族，也大多会买一件鲜艳的大牌冲锋衣。闭塞的格子间里，“冲锋衣们”端着速溶咖啡，自我感觉良好。当然，风餐露宿，挑战极限，对天地自然以及自由的向往，不是身披一件冲锋衣就能体验到的。

忽然听说她请假了，年休假加上平时各种加班攒的调休，那么长的假，说请就请了。对我们来说，总有些不可思议：我们总喜欢把假期切分成几段，零敲碎打地用在所谓生活的刀刃上；另外目睹领导四处奔忙，也就没了开口请长假的胆量。

一天午后，翻一份时尚报纸，里面连续几个版面，都是关于如何玩转户外的。所配照片，无一例外都是白皑皑雪山前，蹲着穿红穿蓝的登顶者。其中一篇访谈描写的女主角，爬过梅里雪山、四姑娘雪山，挑战过5 000多米的海拔，还徒步过稻城亚丁……文章里历数的，都是版图上那一个个令人心驰神往的地名。

我本是当故事看的，但文字间交代的某些情节又似曾相识，忽然发现，女主角的名字，分明就是隔壁办公室的女同事，仔细辨认配图，全副装备背后的那个人，正是她。

我至今记得确认后那种汗毛直竖的震惊——因为，我从未把那些有关征服的万丈雄心和艰辛历程，对号入座到我身边的人。我总是有偏见——最美的地方从来都是异乡，而有趣和伟大的人，无疑离我很远。不承想，隔壁的她，俨然是很有料可挖的玩户外“资深前辈”。

在同一个地方上着班，置身于相似的环境中，似乎也有着类似的大大小小的生活愿望，最大的区别在于，当我们坐在办公室，端着咖啡杯，假想着等有钱有闲一定要仰天大笑出门去时，她却已悄无声息地走在了路上。

这个世界的每个角落，大约都充斥着各式各样的梦想，或许因为时代轰隆隆提速，出于对现实时间成本的种种考量，梦想显得廉价，容易改变，容易沉没。从前，我对伟大这个词的理解，也是高高在上的，但是现在，我觉得那些能够坚持梦想的人，便足以配上伟大这个词。

所以，当我和那个沉默的女同事，依然在洗手间门口，像往常那样点头擦肩而过时，她并不知道，其实内心小有触动的我，隐隐觉得适才接近过一团亚光质地的理想。

1

作为一个没什么运动细胞的人，初中最害怕的事，莫过于体育老师让我们先跑个十圈的时候。

当时我们班的女生都陆陆续续来了生理期，但瘦弱的我好像是被青春期遗忘的孩子，生理期迟迟没有来临。在某些特殊的日子里，一到体育课，女孩们会三五成群，正大光明地到操场的旁边休息，饱含同情看着操场上跑得东倒西歪的同学们。

而我从来没有享受这等待遇，只要是体育课和跑操，我都在心里叫苦不迭。我在操场上跑得气喘吁吁、头昏眼花，非常羡慕操场边那些成群结伴，相谈甚欢的女孩子。

最可怕的还并不是这些被跑步支配的恐惧，当班主任发现我是班里唯一跑步从不缺席的女孩后，指名让我参加运动会 3 000 米，我怎么也无法推脱。

于是我就那么阴差阳错地去参加了 3 000 米，那简直是一场极为壮烈的回忆。

2

那天的日头很毒。跑到第五圈我便感觉，我的心脏几乎要在胸膛炸开来，双腿也像是被灌满了铅，酸麻得不是自己的。甚至跑到最后几圈，我特别羡慕前面那个跑晕过去的同学。在明晃晃的烈日下，我的双眼被汗糊住，但我不敢停下来走路。我知道，一旦我停下来，就再也没有力气继续跑了。耳边只有迟钝沉重的喘息声，迷迷糊糊的“加油”隔着迟钝的耳膜，有些不真切地遥遥传来。

我一直是班里的小透明，没想到终点多了好多来迎接我的同学。我冲过终点的时候几乎要晕倒在地上，嗓子像被撕扯开的破布，第一感觉就是有不断的泪水涌上来。同学们手忙脚乱地扶住我，帮我抹去泪水，安慰我说，哭什么呀，你可是第一名。

不久之后我收到了人生的第一封情书，有男生对我说：“我是在那次跑步的时候认识你的。3 000 米的最后几圈，所有人都开始走路。只有你没有，你从头跑到了尾。你好像在太阳

奔跑过炽热的青春

✽ 刘凯璐

底下发着光。”

似乎从那次跑步开始，有很多的人开始认识我，说看呀，就是那个跑步很厉害的女生。

直至现在，我还是常常能想起那个，咬着牙哭着跑向终点的自卑女孩，她像一个抱着必死决心奔赴战场的战士，带着悲壮的意味。

我曾经因为迟到的青春期，人生陷入短路，却因着跑步不小心跑出了混沌。

嘴里似乎还留存着跑完步被塞到嘴里的抹茶味糖果的味道，那是我第一次尝到坚持的滋味。

3

有段时间，我变得很焦虑。背书背到看到文字就想吐，每天刷题用完一支笔，即使是这样，成绩却丝毫不见起色。可越是焦虑，越是无法静下心来学习，甚至出现了失眠的情况。

闺蜜知道后，非要趁着课间拉我去操场跑步。是个暮春，校道上铺满了栾树碎碎的叶子。许久未运动的我四肢变得迟钝，不过跑了一小会儿，嗓子渐疼，缺氧感让我呼吸困难，一时间，竟也忘了那些让我反复纠结的不快。

我跑得狼狈，东倒西歪的。可不知哪里来的一只短腿小狗迈着四条小短腿哒哒跑过，我想我跑步的时候一定是毫无形象，面目狰狞的，否则那条小狗为何会在我身边短暂停留后，投下鄙视的一瞥，便颠儿颠儿跑走了？闺蜜见状爆发出一阵大笑，我们很快就笑得前仰后合，互相开着玩笑：“你瞧你跑得这么慢，被小狗鄙视啦。”那也是我许久以来第一次大笑出声。

彼时阳光正好，操场上的青草正竭尽全力地葱郁。我大口呼吸着，心跳得尤其热烈。操场上传来少年们进球后兴奋的呼喊，我忽然感到如释重负。那些压在心里的眼泪，好像都已随着汗水排出体外。

那之后，我真的没那么焦虑了。不再失眠，成绩也开始慢慢变好。后来每当遇到压力大的时候，我跟闺蜜都会默契地相视一笑，说：“走，跑步去！”

4

据说，跑步的时候，大脑会分泌一种叫“多巴胺”的化学物质，人的思维也会更加活跃。

我慢慢走上文学道路，一开始因为年纪小缺乏阅历，写不顺，总是没有灵感。村上春树说，他有很多灵感都是在跑步过程中闪现出来的。于是灵感枯竭的时候，我都会出去跑步。

我渐渐开始迷恋上跑步的感觉。迷上跑步过程中，把压抑远远抛在身后的轻松，迷上跑完后每一根毛孔都舒展开呼吸的恣意。

让自己的步子和呼吸合上节拍，任由思绪在空中漫无目的地飘动。

我不是一个容易坚持的人，心志却因着日复一日的跑步开始坚定。那些跑步乍现的灵感，被我小心翼翼地一个字一个字敲出，慢慢变成铅字。那些流浪的生活，在跑步的过程里被重拾整合。

5

回望过往的岁月，我曾在自卑、焦虑的泥淖里挣扎不得逃脱，曾经一度想要放弃。所幸那些沉闷无风的日子里，我没有停下脚步，而是继续奔跑。

人生苦短，生活的灵感难免有时枯竭，若是陷入困顿，就很需要一场跑步。沿途的人生百态，走马观花掠过。而某一瞬不小心捕捉到的一缕清风里会携着花香的记忆，就足够让人心情很好地提起嘴角。

青春有很多次奔跑，也许只要一双舒服的鞋，一颗坚定的心，便可以在兴之所爱之时跑得很久。如果耳边有风，我将永远这样怀着热爱奔跑下去。

看不见的才艺

✽南野琳儿

在学生时代，我经常觉得自己是个没有才艺的人。

我不会唱歌、跳舞、演小品，在文艺演出时只能当一个“吃瓜”的人，也毫无体育细胞，没机会在运动会上发挥神勇，为班级挣得积分。虽然我学习成绩不错，可惜尚未优秀到在竞赛中战功赫赫，在全校学生的注目礼下接受老师表彰的程度。

我一度认为自己甘于平凡，可以默默地坐在角落，为舞台上闪闪发光的人喝彩，然而，随着年岁的增长，我遗憾地发现自己并没有那么“佛系”。

青春年少时，谁没梦想过自己不是普通听众，而是众人话题中的风云人物呢?

我希望找到自己的才艺，这条漫漫长路，一走就走完了整个学生生涯。

当我问我妈我有什么天赋异禀时，她艰难地思考片刻，告诉我，我很晚才学会走路，但很早就学会说话了。

从幼儿园开始，我就能躺在小沙发上，跟经过我面前的每个小朋友讲故事，不管他们听不听，我就是要讲。

我喜欢讲故事，但我的作文成绩很不稳定，文笔并不是惊艳的那类，有时候还会因为偏题而分数不高。上中学的时候，我的性格远不如后来外向，在人多的地方基本就不敢说话，一走到讲台上脑袋就嗡嗡作响，这导致我无缘参与演讲或者是朗诵这类才艺节目。

现在回想，我创作故事的能力，或许起源于童年无意识的培养。

从小学开始，我周一到周四不能看电视，但我妈允许我用录像机把周一到周四播的动画片录下来，放到周五看。我便每天抽出几分钟以“查看录像情况”为由，偷偷瞄上一眼。这一眼画面瞬间引发我的无穷联想，似一篇命题作文，在我的脑海中衍生出各式各样的剧情。

那时候，小伙伴们会在课后讨论前一天的动画片播了什么，我便开始胡编，他们边听边感慨剧情精彩。过了一周他们才来问我：“为什么我感觉现在的剧情和之前你讲的有些接不上？”我印象最深的是，当时《灌篮高手》播完了动画版大结局，好几个男生纷纷表示这只是第一部，他们通过其他途径看到了之后的剧情，什么版本的都有。我的小姐妹拿着我编的版本和他们争论：“你们看的都是盗版！我听到的才是正版！”方才讲剧情讲得正起劲的小哥瞬间愣住，讪讪地对我说：“其实我没看过后面的版本，你说的是真的吗？然后呢？”

小姐妹昂首挺胸，我装模作样地点点头，沉声道：“等我拿到空运来的第二部最新一期VCD，我再告诉你。”

很多年后我才知道，《灌篮高手》动画版从来就没有出过第二部。

那时候，电视剧每晚只更新两集，不像如今在视频网站看剧，可以几天刷完一部。每一集电视剧结束都卡在最关键的时刻，片尾曲响起时，我便开始发呆，这令我妈无比焦虑，感觉我像是中了魔障。

我发呆，是因为进入了脑补后续剧情的模式。

我一直觉得，人最大的快乐莫过于拥有想象力，可以随时随地对看过的小说、漫画、影视剧进行脑补。不同的演员、角色、场景，可以在我的脑海中排列组合，上映只有我自己看得见的剧情。灵感来的时候，只要听音乐，我的脑海里就会有画面。

很多年后，我看教人写小说的工具书里介绍，获得剧情灵感的方式就是刻意地在脑内上映小剧场，而这一点，在我还是个孩子的时候，就无师自通了。

于是在那个阶段，我最爱做的事就是和朋友们在操场散步，给她们讲故事，并根据反馈得到乐趣。我慢慢摸索出了一些卡点方式，能让听者抓耳挠腮地问："然后呢？"

这种乐趣很快就到了下一个阶段，我尝试把我脑中的剧情记录下来，于是开始写小说。我买了一打硬壳笔记本，很有仪式感地在扉页写上小说名，放在书架里，幻想里面即将产生一部杰作。

那时候网络不发达，假期里我和好友一起写小说，写完一个章节，就在电话里读给对方听。我记得她的小说里有很长一段文字都在描述女主人公的美丽，从瞳孔的颜色到鞋上蝴蝶结的款式，她声情并茂地读了将近一分钟。可惜的是我们都没坚持写多久，我最长的那篇小说不过写了前三章。我很快就丧失了继续往下写的热情，因为我突然发现了自己也许可以培养的才艺——画漫画。

现在想起来，我小时候画画确实很好。因为喜欢漫画，所以我临摹了大量作品，后来和好友一起准备画漫画，做了许多人物设计，也画了大半本。为了角色的穿搭迷上了逛街，从模特的衣服款式上寻找灵感，可惜由于掌握的人物动作实在单一，我没坚持画到最后。而我画画还不错这一点，在班级里并未有多少人知晓，那本未完成的画集只有我独自欣赏。我有时候挺懊悔，为什么不自荐去画黑板报，仔细深究，还是因为当时缺乏自信。

因为觉得自己缺乏才艺而缺乏自信，然后，又因缺乏自信而失去了许多机会。

转折点大概出现在高中的时候，语文老师在课堂上点名表扬了我的作文，室友跟我开玩笑，说我用一篇作文吸引了新班主任的注意力。我是个很喜欢反馈的人，得到鼓励，就会在这方面更努力，哪怕我写应试作文的能力依旧不算好。记得有一次作文比赛，我本不想参加，但老师建议我去试试，我便去了，之后也没得到什么奖，但被肯定的感觉还是让我很开心。

我开始期待语文课的作文点评环节，因为有很大概率老师会读到我的作文。对我来说，这也算是文艺晚会上的一个小演出，尽管舞台并没有多绚丽。

印象最深的是，语文老师又一次提到，我是班里文章写得最好的人。后来，很多时候我想放弃写作，都会回忆起当时的那个场景。

也许，我等了很多年，一直都希望有人告诉我，我在某方面有才华。

也许是因为过了最青涩的青春期，大学时，我不再害怕在公共场合说话，反而喜欢上了演讲的感觉。直到现在，我演讲时从不写稿，全靠即兴发挥。大学毕业后，我成了一名工程师，但也从未放弃创作。我一直觉得写作是一种天赋，和高产作者比起来，我的天资真的很差。好友对我说："虽然慢，但能坚持写到底，也是一种了不起的能力。"

再后来，我的长篇小说出版了，收获了越来越多读者的喜爱，作品还被改编为影视剧。电视剧开机那天，导演问："当你看到这些演员站在你的面前，介绍你书中的人物时，你有怎样的感觉？"

我回答："特别激动，有种美梦成真的恍惚感。"

那些之前只能在我自己脑海中上映的剧集，终于可以与更多的观众分享。听我讲故事的人，也不再似年少时只有两三个小伙伴了。

如果你喜欢做一件事，而且过了十几年还是很喜欢，也许那就是上天赐予你的才艺。

来和远方。

也许是压抑的情绪得到释放，我俩月考成绩都前进了一大截，父母们总算松了一口气。

可这样的状态并没有维持太久。有一天上完晚自习回来，推开房门，看到床头乱糟糟的衣服，皱巴巴缩在一角的棉被，我突然特别想念那个被我妈打理得井井有条的家。

也是在那天晚上，谷莉莉半夜起来吃泡面，吃到一半的时候，突然哇一声哭了，她说："怎么办，好想吃我妈烧的糖醋排骨！"被她一蛊惑，我忍了很久的情绪，终于在那一刻崩盘。

第十天，我们灰溜溜地搬回了家。家还是那个家，但从此我对我妈的爱里，多了一点景仰之情。

她每天从容不迫收拾屋子，絮絮叨叨教育我和我爸不要随手乱放东西的样子，看起来很可爱，也很伟大。

3

不久后，我去南方上大学，谷莉莉去了北京。临开学前，谷莉莉她妈和我妈一样，都有点小焦虑。

当然，我妈还有点儿小懊悔。虽然她对于外婆说的"女孩子不会做家务，将来怎么嫁得出去"的观点仍然没法苟同，但一个女孩子如果连自己的衣服都叠不好，离开了家，还怎么生存？

我妈决定临时抱佛脚。可当她不厌其烦地教了我十遍如何去叠一件衬衫，而我还是一脸茫然时，她终于败下阵来。她用一种特别不甘心的表情看着我说："真有那么难？"

其实我想回她，当初不是你说我的这双手是用来弹琴写诗指点江山的吗？想了想，还是没说出口。

4

大学毕业那年，我出差去北京，谷莉莉说，走，姐请你吃大餐。而五年后，她却将我带回她的小公寓，系上围裙，为我做可乐鸡翅和红烧鱼。

我坐在她的布艺沙发上，打量这间不到 50 平方米的出租屋，有碎花窗帘来点缀女孩子的梦想，有隔板和收纳箱来让物品整齐有序，有一盆绿萝来给生活添一抹淡淡的绿意，也有厨房里偶尔飘出来的红烧肉的香味。

我看着眼前的一切，觉得时光像是施了魔法，高三那年吃泡面吃到"哇"一声哭出来的姑娘，如今被时光带着让自己的生活渐入佳境。

其实不仅是谷莉莉，这五年时间，我的人生也逐渐开辟出了一块新的天地。

五年后的我，也能在加班的深夜，给自己在厨房做一碗热乎乎的西红柿鸡蛋面。也能在失恋的日子，从容淡定地在家拖地刷马桶整理衣柜，剔除身边多余的东西，学会在爱情里断舍离。也慢慢懂得在假期减少旅行，坐上火车回到小城，陪逐渐年老的父母散步聊天，带他们定期体检，关心他们的饮食和健康。

越到后来越是明白，食得人间烟火香，方能与生活更加和平友好地相处。也越是明白，无论何时，爱自己爱家人，才是人生里最重要的主题。

5

这个秋天的夜晚，窗外细雨敲打屋檐，我和谷莉莉像是回到少女时期，躲在被窝里说着点点滴滴的心事。

时光有点残忍，但时光也很仁慈。我们终于不再是 18 岁时飞扬跋扈的姑娘。现在的我们，可以做图文并茂的 PPT，也可以在厨房煲个美味的汤；可以将策划案写得很漂亮，也可以将白衬衫叠得很养眼。

很多年后的今天，我终于知道，女生可以不做家庭主妇，但女生至少要学会一件家务。这样即便人生有风雨，生活有艰难，至少还可以在失意的夜晚，自己给自己做一碗热乎乎的鸡蛋面，来给胃打个暖暖的底。至少还可以在情绪低落的早晨，打开衣柜，随手拿起一件折叠整齐的白衬衫穿上，信心满满地迎接新的一天。

愿我们都能这样漂亮地取悦自己。